紫砂壶鉴藏全书

赵建旗　编著

全国百佳出版社
中央编译出版社
Central Compilation & Translation Press

图书在版编目（CIP）数据

紫砂壶鉴藏全书 / 赵建旗编著．—北京：中央编译出版社，2017.2
（古玩鉴藏全书）
ISBN 978-7-5117-3145-6

Ⅰ．①紫… Ⅱ．①赵… Ⅲ．①紫砂陶－陶瓷茶具－鉴赏－中国②紫砂陶－陶瓷茶具－收藏－中国 Ⅳ．①K876.3②G262.4

中国版本图书馆 CIP 数据核字（2016）第 247765号

紫砂壶鉴藏全书

出 版 人：葛海彦
出版统筹：贾宇琰
责任编辑：邓永标　舒　心
责任印制：尹　珺
出版发行：中央编译出版社
地　　址：北京西城区车公庄大街乙 5 号鸿儒大厦 B 座（100044）
电　　话：（010）52612345（总编室）　（010）52612371（编辑室）
（010）52612316（发行部）　（010）52612317（网络销售）
（010）52612346（馆配部）　（010）55626985（读者服务部）
传　　真：（010）66515838
经　　销：全国新华书店
印　　刷：北京鑫海全澳胶印有限公司
开　　本：710 毫米 × 1000 毫米　1/16
字　　数：350 千字
印　　张：14
版　　次：2017 年 2 月第 1 版第 1 次印刷
定　　价：79.00 元

网　　址：www.cctphome.com　**邮　　箱**：cctp@cctphome.com
新浪微博：@中央编译出版社　**微　　信**：中央编译出版社（ID：cctphome）
淘宝店铺：中央编译出版社直销店（http://shop108367160.taobao.com）（010）52612349

凡有印装质量问题，本社负责调换，电话：010-55626985

前言

中国是世界上文明发源最早的国家之一，也是世界文明发展进程中唯一没有出现过中断的国家，在人类发展漫长的历史长河中，创造了光辉灿烂的文化。尽管这些文化遗产经历了难以计数的天灾和人祸，历尽了人世间的沧海桑田，但仍旧遗留下来无数的古玩珍品。这些珍品都是我国古代先民们勤劳智慧的结晶，是中华民族的无价之宝，是中华民族高度文明的历史见证，更是中华民族五千年文明的承载。

中国历代的古玩，是世界文化的精髓，是人类历史的宝贵的物质资料，反映了中华民族的光辉传统、精湛工艺和发达的科学技术，对后人有极大的感召力，并能够使我们从中受到鼓舞，得到启迪，从而更加热爱我们伟大的祖国。

俗话说："乱世多饥民，盛世多收藏。"改革开放给中国人民的物质生活带来了全面振兴，更使中国古玩收藏投资市场日见红火，且急遽升温，如今可以说火爆异常！

古玩收藏投资确实存在着巨大的利润空间，这个空间让所有人闻之而心动不已。于是乎，许多有投资远见的实体与个体（无论财富多寡）纷纷加盟古玩收藏投资市场，成为古玩收藏的强劲之旅，古玩投资市场也因此而充满了勃勃生机。

艺术有价，且利润空间巨大，古玩确实值得投资。然而，造假最凶的、伪品泛滥最严重的领域也当属古玩投资市场。可以这样说，古玩收藏投资的首要问题不是古玩目前的价格与未来利益问题，而应该说是它们的真伪问题，或者更确切地说，是如何识别真伪的问题!如果真伪问题确定不了，古玩的价值与价格便无从谈起。

为了更好地解决这一问题，更为了在古玩收藏投资领域仍然孜孜以求、乐此不疲的广大投资者的实际收藏投资需要，我们特邀国内既研究古玩投资市场，又在古玩本身研究上颇有见地的专家编写了这本《紫砂壶鉴藏全书》，以介绍紫砂壶专题的形式图文并茂，详细阐述了紫砂壶的起源、发展历程、紫砂壶的分类和特征、收藏技巧、鉴别要点、保养技巧等。希望钟情于紫砂壶收藏的广大收藏爱好者能够多一点理性思维，把握沙里淘金的技巧，进而缩短购买真品的过程，减少购买假货的数量，降低损失。

本书在总结和吸收目前同类图书优点的基础上进行撰稿，内容丰富，分类科学，装帧精美，价格合理，具有较强的科学性、可读性和实用性。

本书适用于广大紫砂壶收藏爱好者、国内外各类型拍卖公司的从业人员，可供广大中学、大学历史教师和学生学习参考，也是各级各类图书馆和拍卖公司以及相关院校的图书馆装备首选。

编者

2016年11月于北京 · 阅园

目录

第一章

紫砂壶概述

第二章

紫砂壶历史发展

第三章

紫砂壶的鉴别

附录一

历代著名紫砂艺人

附录二

历代紫砂专著简介

附录三

明代至民国初年常见紫砂款识一览表

瀛山先
生清玩
曼生銘

第一章

紫砂壶概述

陶器是人类最早使用的器皿，以泥土为材料制成。陶器有许多种，像江苏的紫砂陶瓷、广东的石湾陶、山东的博山陶、安徽的阜阳陶等。但是，最负盛名的紫砂茶具是江苏宜兴丁蜀镇的紫砂陶，它非常适合茶性，色泽丰富，是世界公认质地最好的茶具。

自宋代开始，紫砂陶随着饮茶方法的改变，登上了茶具的领头地位，至明代大盛，清代又进一步发展。目前，紫砂茶具的艺术价值远远超过了它的实用价值。

紫砂壶是从煎煮茶饼的大砂罐演化而成，其色泽由土黄发展到以紫色为主，形状也从大到小。它的美，在于壶泥、壶色、壶形、壶款、壶章、题铭、绘画、书法、雕塑、篆刻等方面。

△ **介钮方敦壶　清早期**

高14.5厘米

△ **片霞浮石井款朱泥文旦壶　清早期**

宽16.8厘米

△ **紫泥平盖壶（一对）　清早期**

高11厘米

◁ 朱泥镂空双清壶　清早期

宽19厘米

一 紫砂壶的形体结构

一把紫砂壶可分为壶钮、壶盖、壶把、壶嘴、壶身、壶底、气孔等7个部位。

1 | 壶钮

壶钮也称“的子”，为揭取壶盖而设置。壶钮相对紫砂壶来说，很小，看似不起眼，实则起到“画龙点睛”之功，是茗壶设计的关键。常见的壶钮如下。

（1）球形钮

最常见的壶钮形式之一，多用于圆壶，形状呈珠形、扁笠、柱形，取壶身缩小或倒置造型，造型简洁。

（2）桥形钮

像拱桥，有圆柱状、方条状、筋文如意状之分。作环形设单环、双环，也叫“串盖”。

（3）瓜柄形钮

为花塑器常用的钮式，如南瓜柄、西瓜柄、葫芦旁附枝叶等，造型生动。

（4）树桩形钮

依据植物或瓜果的形态捏制而成，如葡萄、梅桩、竹根等。

（5）动物肖形钮

源于印钮，呈狮、虎、龙、鱼等造型，有写实、抽象变形、仿古手法之别，要求与主体统一协调。

△ **杨彭年制曼生铭三兽壶　清嘉庆/清道光**

高10.8厘米，宽13.3厘米

△ **鱼化龙壶**

高18厘米，宽9厘米

△ **高升提梁壶 明代**

高16厘米，宽13厘米

2 壶盖

△ 潘禹玉制平盖莲子壶　清早期

高10厘米，宽22.5厘米

壶盖有压盖、嵌盖、截盖等形式，好的壶盖应具有直紧、通转、防尘、保温的特点。

（1）压盖

压盖又名完盖，壶盖覆压于壶口之上的样式，边缘有方线、圆线之分，但均与壶口相呼应。与口置平的泥片叫座片，弯起泥片叫虚片，壶口泥片叫坨子，壶墙的泥圈叫子口。壶盖稍大于壶口之外径的业界称为“天压地”。

（2）嵌盖

所谓嵌盖，指壶盖嵌于壶口内的样式，与壶身融于一体。嵌盖工艺要求严密、精缝、通转，达到“准缝如纸、发之隙”者为精品。嵌盖又分为平嵌盖和虚嵌盖两种。

平嵌盖：口与壶口呈同一平面，常见有圆形、方形、异形、树桩形等形制。

虚嵌盖：与壶口呈弧形或其他形状，形制规整。口部以装饰线处理，有直口、瓢口、雌雄片口等结构。

（3）截盖

紫砂茶壶特有的一种壶盖形式，以壶整体截取一段作壶盖而得名。这种壶盖与口大小合适，外轮廓线相互吻接，可谓天衣无缝，给人以简洁、流畅、明快、整体感强的艺术特点。截盖有截盖、克截盖、嵌截盖之分。

△ 紫泥贴花螭龙纹狮纽圆壶　清乾隆

高19.4厘米

△ 紫砂诗文壶　清雍正

长15厘米

3 | 壶嘴

壶嘴也称为“流”，为注茗而设置。好的壶嘴要求出水通畅而不涎水，注水七寸而不泛花，直泻杯底无声响；而壶嘴工艺不佳，倒水时流口会顺着沿儿往下流水。

壶嘴属于紫砂壶的附件之一，与壶体连接若有明显的界限，称为明接；若无明显的界限，称为暗接。依据传统模式，壶嘴可分为一弯嘴、二弯嘴、三弯嘴、直嘴等。

（1）一弯嘴

俗称一啄嘴，形如鸟啄，多采用暗接处理。

（2）二弯嘴

嘴根部较大，出水流畅，明接和暗接均常见。

（3）三弯嘴

模仿铜锡壶的造型，早期壶式多使用该嘴型，多以明接处理。

（4）直嘴

形式简洁，出水流畅，明接和暗接皆可见。

壶嘴在以上基本形的基础上，还可能加以其他装饰，在此不一而足。

△ **潘虞荣制紫砂莲子壶　清中期**

△ **潘忻宝制紫泥宫灯壶　清乾隆**

高10.4厘米，宽14.5厘米

△ **邵忠佑制紫泥大莲子壶　清乾隆**

高12.5厘米，宽21.2厘米

△ **鸣远款朱泥笠帽壶　清中期**

长8.8厘米

△ **紫泥莲子壶　清乾隆**

高13.4厘米

△ **紫泥褐釉绳纹纽圆壶　清乾隆**

高21厘米

4 壶把

壶把为紫砂壶注水时握持的部分，位于壶肩至壶腹下端，与壶嘴对称。壶把有端把、横把、提梁三大类。

（1）端把

端把也叫圈把，具有使用方便、变化丰富的特点。把、口和嘴三点呈水平分布，对称状。

（2）横把

源于砂锅之柄，多见于圆筒形壶。

（3）提梁

吸取铜器等器形的壶式，分为硬提梁、软提梁两种。提梁的工艺要求：提梁的大小与壶体协调；高度以手提时不碰到壶盖的钮为宜。光素器、花塑器均可见提梁式壶把。

△ **包银提梁壶　明代**

高19厘米，宽18厘米

△ **紫泥提梁圆筒形壶　明晚期**

高25厘米

5 壶身

壶身也叫壶体，壶身变化多样，但基本形状不外乎球形、桶形、方形、碗合形四种。

（1）球形

为中国紫砂壶传统器型，有的是圆球形，有的呈半球形。壶身上下可高可矮，高的如莲贡壶，中等的如秦权壶，扁的如柿子壶。

（2）桶形

紫砂壶之桶形大约于清末民初创制，造型简练，使用方便，宜把玩，便于提携。桶形又分以下四种基本形。

直立桶形：如牛盖洋桶壶、德钟壶、柱础壶、双圈桶壶等。

异形直立变化桶形：如树段壶、松段壶、高柏段壶、矮梅段壶等。

上小下大桶形：如石瓢壶等。

上大下小桶形：如花盆等。

（3）方形

属于传统造型之一，成型工艺是紫砂泥片裁切成各种规格的泥片，然后镶接成型。如僧帽壶、砖方壶等。方形壶身的制作技艺和工艺水平要求高。

（4）碗合形

为泥片经过虚坨成型后再黏合起来的身筒，如合欢壶、合盘壶、线云壶等。

△ **朱泥文蛋壶　清代**
高9.8厘米

△ **天柱壶**
长17.5厘米

△ **紫泥四方开光方壶　清乾隆**
宽22厘米

△ 荆溪华亦林矮汉方 清中期

高15.5厘米

△ 杨履康制泥绘山水图如意圆灯壶 清乾隆

高12.7厘米，宽18.3厘米

△ 紫泥螭纽圆壶 清乾隆

高18.2厘米

△ 紫砂瑞狮滚绣球长方壶 清乾隆

高14厘米，宽20.7厘米

△ 逸公款紫泥诗文壶 清代

宽17.3厘米

△ 紫泥合菊壶 清代

长18厘米

△ **潘世杰圆莲壶　清代**

高10厘米

△ **文旦款朱泥梨形壶　清代**

高11.5厘米

△ **杨凤年段泥台笠壶　清道光**
高7厘米、宽16.5厘米

△ **白泥笠帽壶　清代**
高108厘米

△ **玉成窑王东石制刻梅花汉铎壶　清晚期**
宽16厘米

6　壶底

壶底足也是紫砂壶造型的一个主要部分，底足的大小和形式处理恰当与否，直接影响壶的整体造型视觉冲击力。壶底一般分为以下四种。

（1）平底

即在壶底平封一片泥片，形制拙朴，手法简单，茶壶安置最稳妥。平底烧制时的要求是不变形起翘。

（2）一捺底

为紫砂壶特有的样式，形式似在皮球上用力按一下，使原来的球面瘪陷成一个凹窝。凹窝的四周就成为足。一捺底在紫砂圆器中较常见。

（3）假底

在壶身成型时加一道足圈，并用脂泥复合嵌接，也叫“挖足”。加底、脚圈应视主体造型而设置，加工处理时有的借鉴花盆底足工艺手法。

（4）钉足

源于铜器鼎足，以钉足支架壶体，钉脚有高、矮、粗、细之分，均应与壶体统一协调。紫砂壶圆器一般用三支钉足，方器用四支钉足。

△ **朱泥太师少师钮贴花夔龙纹大壶　清康熙**

高15厘米，宽20厘米

△ **杨彭年合欢壶（汪寅仙配盖）　清道光**

高7.5厘米，宽15.7厘米

△ **俞国良制朱泥四方传炉壶　民国**

高10.5厘米，宽17.4厘米

△ **三足壶**

高15厘米，宽9.8厘米

7 | 气孔

气孔位于壶盖上，宜兴紫砂壶一定会有气孔，这既是历史的传承，也是用紫砂壶品茗的需要。

紫砂壶往外倒水时，空气通过此气孔进入壶内，壶嘴才能倒出茶水。制作工艺好的紫砂壶，用手指堵住气孔时，壶嘴是倒不出水来的。

另外，壶嘴出水的状况也与气孔大小有关。例如，当从壶内倾倒出水时，其水流呈现跳跃状，还伴有“突、突、突”的声音，或水流扭转泛花，可能是因为气孔的孔径过小，空气进入壶内时受阻，形成间歇性“气塞”有关。因此，气孔的大小直接影响到茗壶的出水流态，影响到紫砂壶的质量优劣。

△ **巨轮壶　明代**

高10厘米，宽6厘米

△ **陈和之款紫泥四瓣花形壶 明末清初**
宽14厘米

二 紫砂壶的造型之美

紫砂壶传承千载，造型丰富，式样繁多，规格齐全。为紫砂壶分门归类，可助人们更好地认识紫砂壶。

根据造型式样的差别，紫砂壶可分为几何形体造型、自然形体造型、筋纹器造型、博古器造型、水平壶和茶器造型五种类别。

1 | 几何形体造型

几何形体紫砂壶造型，是根据球形、筒形、立方、长方及其他几何形变化而来的，是最常见的造型，俗称“光货”。其造型讲究立面线条和平面形态的变化。几何形体紫砂壶造型又可分为圆器和方器两种。

（1）圆器

圆器即是以圆体或其变形形体为造型的紫砂壶。按其所做的一般形状，有圆壶、扁壶和直筒壶，而按其所做的具体形状，则每种壶中又含有许多种壶。圆器造型讲究“圆、稳、匀、正”，并要求“柔中寓刚”。珠圆玉润之圆中要有变化。壶体本身以及附件的大小、曲直要匀称，比例要恰当，整个造型要端正挺括。紫砂传统造型掇球壶、仿古壶和汉扁壶等，就是紫砂圆器茶壶的典型造型。

圆壶一般形状是，腹作圆形或接近于圆形，如香港茶具文物馆藏的清代杨履干款泥绘山水圆壶，其高10.3厘米，宽10.8厘米，嵌盖，执把，曲流，圆腹，圈足。圆壶分出的具体款式，主要有掇球壶、圆珠壶等。掇球壶，是壶不仅腹作球状，盖也呈半球形，似小球掇于大球上，故名。如宜兴陶瓷陈列馆藏的清代友廷款掇球壶。如果球变扁，则称扁掇球壶，如南京博物院藏的民国程寿珍款扁掇球壶。掇球壶为给人们一个叠球的感觉，一般都要出颈，以增加高度。圆珠壶，是壶与盖连成一体，浑圆似珠而名，如宜兴陶瓷陈列馆藏的清代友廷款一粒珠壶，这种壶，为使壶浑圆，常作截盖。

△ **何心舟制光明提梁壶　清晚期**
高15.5厘米

扁壶一般有扁平、扁圆两种形状。扁平，是指腹扁平，如无锡县文物管理委员会藏的明代四系扁壶，两侧扁平、曲流、圈足，有四耳而无把，款式划一，且只见于明代。扁圆，是指腹扁圆，如南京博物院藏的清代彭年款扁壶，这种壶，款式较多，其中扁腹自肩部起棱而后向下圜底者，叫“汉扁壶”，如南京博物院藏的清代大炳款汉扁壶；扁腹自下腹起棱再向下圜底者，称“石铫壶”，如上海画家唐云藏的清代彭年款石铫提梁壶扁腹中围腰而上下收折者，称“汉君壶”，如南京博物院藏的清代东溪仿古款汉君壶；扁腹作合盘者，称“合欢壶”，如南京博物院藏的清代曼生铭合欢壶；扁腹肥坠的，称“横云壶”，如南京博物院藏的清代阿曼陀室铭横云壶；扁腹呈圈栏的，称“井阑壶”，如南京博物院藏的彭年款仿古井阑壶。

直筒壶一般作圆筒形，如南京博物院藏的清代少山款泡光直筒壶，即壶作圆筒形，曲流，铜制活提梁，不仅通体抛光，还铜箍底边、肩沿、流口、口沿、盖沿，并配有铜钮。其除作提梁外，还有作执把的，如江苏省文物商店藏的清代少山款直筒壶。这种壶，清代著名紫砂壶设计家陈曼生称为“汲直”壶，并为它题铭曰：“苦而旨，直其体，公孙丞相甘如醴。”

△ **炉钧釉方壶　清乾隆**

高15厘米，宽21.8厘米

△ **静远斋堆泥方壶　清乾隆**

高9.5厘米

（2）方器

方器即以方体或其变形形体为造型的紫砂壶。方器造型讲究“方中寓圆”，要求器皿线面挺括平正，轮廓线条分明。不论是几方形的造型，紫砂壶口盖必须规矩划一，任意转动壶盖，口盖准缝吻合。紫砂传统造型四方桥顶壶、传炉壶、僧帽壶、雪华壶等，就是紫砂方器茶壶的典型造型。按其一般形体，分四方壶和六方壶两种，而在每种壶中，又可分出若干型。

四方壶规整的呈正方形，如南京博物院藏的清代彩釉花卉方壶。这种壶，陈曼生称之为“方壶”。为其刻铭曰：“内清明，外直方，吾与尔偕享。”苏州文物商店藏的清代云蝠、方壶，就是这样的一把壶，它既作正方形，又有上述的曼生铭。变体的四方壶，有壶身加宽成长方扁壶者，如香港茶具文物馆藏的明末清初共之款长方扁壶；有壶身拉高成方柱壶者，如南京博物院藏的清代石梅摹古款方柱壶；也有鼓腹或缩身的含有数款壶型，其中，腹部中鼓而略下坠的称为“汉方壶”，如南京博物院藏的清代飞龙款汉方壶，缩身成上小下大者，称“斛形壶”或“斗形壶”，如南京博物院藏的清代介三铭斛形壶。还有圆角的，如宜兴紫砂工艺厂藏的民国国良款四方壶。

△ **郑荆玉制紫砂四方壶　清早期**

△ **紫泥泥绘山水纹方壶　清乾隆**

高19厘米

△ **紫泥泥绘渔翁得利图方壶　清乾隆**

高15.5厘米

△ **四方壶**

长14厘米

△ **四方壶**

长16厘米

◁ **朱泥狮钮六方壶 清康熙**

高13厘米，宽18.5厘米

◁ **宫灯六方紫砂壶 清嘉庆**

六方壶规整的作六方柱形，如扬州博物馆藏的大彬款六方壶。变体的，不是拉高缩身，就是压矮鼓腹，前者，如北京故宫博物院收藏的清代乾隆御制诗六方壶，乃是拉高壶身，下收壶腹而成；后者，如宜兴陶瓷陈列馆藏的清代铭远款六方掇球壶，乃是将壶身压矮，并鼓腹而成。

2 | 自然形体造型

自然形体紫砂壶造型，取材自植物、动物的自然形态，最能代表制壶艺人的匠心独运，以造化为师。因为这种紫砂壶的造型带有一些浮雕、半浮雕的装饰，俗称“花货”。

紫砂壶花货主要是用提炼取舍的艺术手法，利用自然形态的变化来造型。另外则是在几何形体上运用雕镂捏塑的手法，将自然形态变化为造型的部件，如壶的嘴和鋬。设计花货，要表现自然形态最美的部分，并要符合功能合理、视觉美观和使用安全的原则。紫砂传统造型鱼化龙壶、松竹梅壶、翠蝶壶、荷花壶和藕形壶等，是花货造型的代表作品。

（1）树木形壶

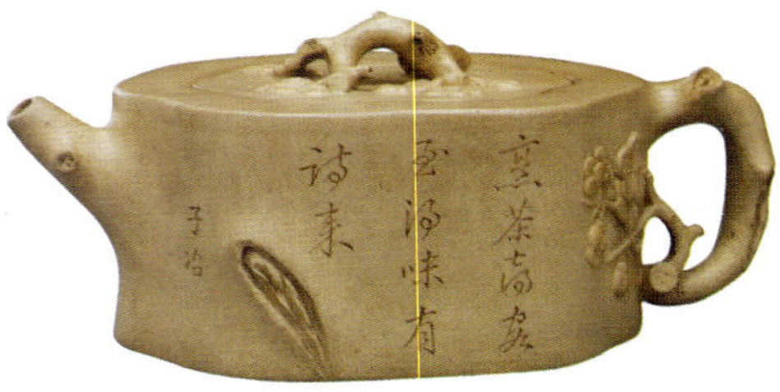

△ 申锡制瞿应绍铭白泥梅桩壶　清道光

高7.5厘米，宽19厘米

树木形壶即是指树木形状的壶。其有三种情况：一是将整个壶做成树木状，常巧取一段树木而为之，有梅段壶，如南京博物院藏的清代杨氏款梅段壶，它就是取一截梅桩为壶身，然后以梅桩长出的梅枝为壶把、壶嘴和壶钮，周饰枝叶瘿节而成；有竹段壶，如宜兴陶瓷陈列馆藏的清代杨氏款竹段壶，乃是取一段粗竹为壶身，再以竹枝为壶把、壶嘴和壶钮而成；有松段壶，如宜兴陶瓷陈列馆藏的清代鸣远款松段壶，也是取一段松桩为壶身，又以松枝为壶把、壶嘴和壶钮而成。或是设计成束柴状，如香港北山堂藏的清代陈鸣远款束柴三友壶、香港茶具文物馆藏的明代陈仲美款束竹壶、扬州文物商店藏的清代杨彭年款束竹壶、南京博物院藏的清代大亨款八卦纹束竹壶，也有设计成树叶形的，其简单的如香港茶具文物馆藏的清代壶痴款蕉叶壶，是将壶设计成一片蕉叶，其复杂的像香港中文大学文物馆藏的清代陈鸣远款桑叶壶，它是将壶设计成一团桑叶，其上蚕虫蠕动，又以桑枝为壶把，卷叶为壶嘴，桑叶和蚕虫为壶钮。二是只将壶的一部分，诸如壶把、壶嘴或壶钮设计成树木状，如南京博物院藏的清代陈荫千款竹节提梁壶，只是将壶把、嘴、钮设计成竹子的样子而已，又如南京博物院藏的清代郭记款树梁壶，是只将壶把、嘴、钮设计成树枝状。三是仅在壶上堆刻或绘一些树木形状，如南京博物院藏的清代堆塑桃枝形壶，是在壶上堆塑出桃枝的紫砂壶，而南京博物院藏的清代伯年刻花提梁壶，则是在壶上刻出折枝花卉的紫砂壶，至于香港中文大学文物馆藏的清代南溪轩款泥绘松竹壶，则是在朱紫色壶上用白泥绘出松竹等的紫砂壶。

△ **梅桩壶**
高13厘米，宽10.5厘米

△ **黄玉麟制仿供春全段泥树瘿壶　清光绪**
长19厘米

△ **朱泥菊瓣壶　清中期**
高9.5厘米

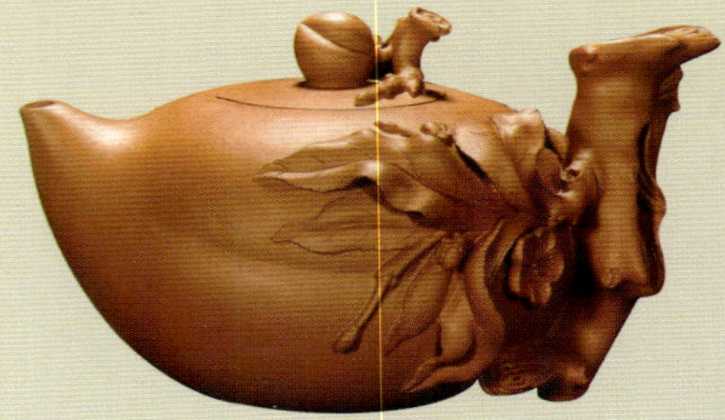

△ **圣桃壶**
长16.5厘米

△ **南瓜壶**
高16厘米，宽10.6厘米

△ **南瓜壶**
长18.2厘米

△ **蒋觐侯制紫泥菊瓣壶　清雍正/清乾隆**
高8厘米，宽13厘米

（2）花果形壶

花果形壶即指做瓜果或花瓣形的壶。共有两种情况：一是取瓜果或花瓣为壶的全部造型，如南京博物院藏的清代陈鸣远款南瓜壶，是以瓜为腹，以茎为盖，以藤为把，以蔓叶为嘴而成。除南瓜壶外，做瓜果形的，有佛手壶，如常州文物商店藏的清代佛手壶；有藕形壶，如镇江文物商店藏的近代张春芬款藕形壶；有莲篷壶，如苏州文物商店藏的清代陈鸣远款莲蓬壶；有柿形壶，如唐云藏的清代彭年款柿形壶；有葫芦壶，如上海博物馆藏的清代曼生铭葫芦壶等，以南瓜壶、柿形壶等较常见，而做花瓣状的，有莲瓣壶，如南京博物院藏的清代莲瓣壶；有兰瓣壶，如香港茶具文物馆藏的明代时大彬款玉兰花瓣壶等，常取花瓣或花蕾而为之；二是将壶的局部堆塑做成花果状，如香港茶具文物馆藏的明代时鹏款水仙花瓣壶，就是将壶的上部做成水仙花瓣的，又如南京博物院藏的清代堆塑菊花提梁壶，是将壶口、盖和足做成菊瓣，又在壶腹堆塑出菊花团的。

（3）动物形壶

动物形壶即做作成动物形状的壶。共有两种情况：一是以动物为壶形，如香港茶具文物馆藏的清代天鸡壶，就是以天鸡为造型的。天鸡壶，传为清代制壶名家陈鸣远所制，清人吴骞在《阳羡名陶录》中说："予尝得鸣远天鸡壶一，细砂作，紫棠色，上锓庾子山诗，为曹廉让先生手书，制作精雅，真可与三代古器并列。"可惜其作今无传世，而能见到的，只有这种清代晚期供外销用的天鸡壶。这种壶除了有天鸡壶外，还有鱼化龙壶，它是将壶做成波涛鱼龙状，以龙头为钮，龙尾为把，卷浪为嘴，如香港茶具文物馆藏的清代大亨款鱼化龙壶、宜兴陶瓷陈列馆藏的清代黄玉麟款鱼化龙壶和宜兴紫砂工艺厂藏的民国俞国良款鱼化龙壶等都是鱼化龙壶，很多藏家都认为是由清代制壶名家邵大亨所创，其实不然，它是明代制壶名家陈仲美的杰作，明人周高起在《阳羡茗壶系》上说，陈仲美制作的壶，有一种是作"龙戏海涛，伸爪出目"，正是今所见鱼化龙壶的形状，只不过其制今不见传，唯有邵大亨、黄玉麟、俞国良等后人所制传世而已；二是以动物为壶的局部造型，一般是作把、钮或嘴，如南京博物院藏的清代绶馥款螭龙云雷纹壶，即是以龙首为嘴、蟠螭为把、伏狮为钮，并饰有云雷纹。

△ **豹壶**

高13厘米，宽8.6厘米

△ **鱼化龙壶**

高16厘米，宽9厘米

△ **鱼龙情壶　沈杏大作品**

获得第二届中国无锡太湖博览会中国工艺美术精品展银奖。

△ **荷蛙壶**

高29厘米，宽10.8厘米

3 | 筋纹器造型

筋纹器紫砂壶，是以筋棱为主要造型的紫砂壶，是紫砂壶中特色壶之一。一般是将花木形态规则化，使其结构精确严格，制作精巧的一种陶瓷造型。其特点是将形体分作若干等份，把生动流畅的筋纹组成于精确严格的结构中，形成一个完美的整体。一件成功的筋纹器紫砂壶，其筋纹随着造型形体的变化而深浅自如，筋囊线条纹理清晰，制作精工，口盖准缝，任意调换壶盖的方向合到口上，都很滑爽吻合。

传统紫砂合菊壶、乐盘壶等，就是筋纹器造型中有代表性的产品。如苏州市博物馆藏的清代刻友泉款菱花壶。此款壶据传为明代制壶名家董翰所创，明周高起《阳羡茗壶系》说："董翰，号后溪，始造菱花式，已殚工巧。"通常由一些花果变形而成，或取花瓣的棱状，如南京博物院藏的清代殷尚款水仙花菱形壶，乃是取水仙花瓣之棱，或取瓜果之棱，如宜兴陶瓷陈列馆藏的民国汪宝根款合桃菱形壶，乃是取核桃之棱。以花瓣式菱形壶较多，常见的，有菊花菱形壶，如南京博物院藏的清代合菊壶，有葵花菱形壶，如苏州博物馆藏的清代葵花壶。

△ **四方开片高石瓢壶**

高11厘米

4 | 博古器造型

这是以古器为造型的紫砂壶。也为紫砂壶的特色壶之一：这类壶，在紫砂壶的分法中，常被人们划入自然型壶，但我们知道，古器，乃是历代人类文明的结晶，是属于人文，不应该并入自然之界，而紫砂壶之作古器，不仅因为古代器物精美而仿之，还有一重挖掘古代文明的意思在里头，清代吴梅鼎在《阳羡茗壶赋》中说，人们制壶，常是“稽三代以博古，考秦汉以程功。”所以单列为一类，所做之器，从三代鼎彝到秦砖汉瓦，一直到当朝之物，皆有。如南京博物院藏有清代万泉款秦权壶、清代壶痴款印包壶，上海博物馆藏的清代彭年款半月瓦当壶，香港茶具文物馆藏的明代时大彬款僧帽壶、明代友泉款三足盂壶，上海画家唐云藏的清代韵石款博浪椎壶和遍代日岭山馆款汉铎壶等。其中，印包壶、僧帽壶和汉铎壶最为常见。

紫砂茶杯明代比较少见，只有清代和民国时期多见一些，到现代才流行。紫砂茶杯，一般是与紫砂茶壶配套行世，其形状常与壶相同，如宜兴紫砂工艺厂藏的清代黄玉麟制仿供春树瘿杯，它是配仿供春树瘿壶出现的。至于单行的紫砂茶杯，有两种情况，一是作一般器皿状，如香港茶具文物馆藏的近代紫砂茶杯六款，方、圆、筋纹等形状都有，一般都是大口圈足执耳；二是作花枝果盏状，如香港茶具文物馆藏的清代银胎折枝梅花杯和银胎桃形杯。喜欢做成折枝撑花果状，即以折枝为把和足，而以花果为杯，如苏州市博物馆藏的清代桃形杯，而最著名的当首推南京博物院藏清代圣思款桃形杯，它是以桃的粗枝为把，以折枝、叶和小果为撑足，而半剖大果为杯，构思巧妙、精致。

△ **荷叶形紫砂壶　清中期**

直径7厘米

紫砂茶罐一般做盖罐，束颈、椭圆形腹，圈足。如北京故宫博物院收藏的清代乾隆御制诗茶罐，它就是做圆盖罐，敞口，短束颈，溜肩，椭圆形腹，圈足，腹两面开光，一面印折枝竹，一面刻乾隆御制诗，诗曰：“雨中烹茶泛卧游书室有作，溪烟山雨相空濛，生衣独坐杨柳风。竹炉茗碗泛清濑，米家书画将无同。松风泻处生鱼眠，中冷三峡何须辨。清香仙露沁诗脾，座间不觉芳堤转。”诗后篆刻阳文“乾隆”二字章式款。

5 | 水平壶和茶器造型

水平壶容量很小，是我国广东、福建一带喝“功夫茶”的器具，在东南亚一些国家和地区也有一定市场。因为喝“功夫茶”时，壶内要放很多茶叶，仅用开水冲泡，茶汁出不来，还必须将壶放在茶碗或茶海内，用沸水浇淋茶壶的外面，使茶壶浮在热水中，才能使茶汁泡出来，这就是水平壶名称的由来。

水平壶的规格，习惯以“几杯”称，有半杯、两杯、四杯、六杯、八杯、十二杯的分别。一般六杯壶容量为80毫升，八杯壶容量为100毫升。水平壶的造型，要求壶嘴和鋬在形式上要协调，其重量还必须一致，才能使壶在热水中保持平衡。同时，要求水平壶的嘴以直形嘴为最多，以利于使用功能及生产工艺。紫砂水平壶传统的式样有线圆水平、扁雅水平、汤婆水平和线瓢水平等，近年还有精致的什锦水平新品问世，造型美观，制作考究，质地致密，颇为中外人士赏识。

茶器的造型，一般不用端把（传统样式的壶），而在与壶嘴成90°角处装一柄。也有连柄都不装的。茶器较大，嵌盖较多，一般用“流”代替嘴。茶器的容量，一般在200毫升～300毫升，其“流”的根部较大，所以出水爽快。

△ 杨彭年制紫泥刻诗文扁石壶　清道光

宽15厘米

三 如何给一把紫砂壶命名

古人有言：名为实之宾。一把紫砂壶需要一个好的名字，尤其是佳品更需起佳名，做到名副其实。

给紫砂壶起个既响亮又符合紫砂意蕴的名字，其实是一件挺费心思的事情，更是一门高深的学问。命名的一条原则是：雅俗共赏。总结传统的紫砂命名经验，紫砂壶命名有以下五大方法。

1 象形命名法

这是一种最为常用的命名方法，即根据壶形来命名。例如：传统圆器之掇球壶，即因壶形似两球上下相连而得名，掇有“连接”之意；四方壶、八方壶、砖方壶等则是直接描摹方器的壶形。

象形命名法最适合花货和筋囊货，如僧帽、南瓜、合梅、鱼化龙、八卦龙头一捆竹、菊花八瓣等。在以上命称的基础之上还可以加高、矮、大、小等词汇，如高僧帽、大合梅等。另外，有些紫砂壶是仿制其他器物的样式，这时往往以所仿制的器物直接命名，如秦权壶、井栏壶、柱础壶、竹简茶具、博浪锥壶等。

象形命名法通俗易懂，形象直观，读名即可知壶，颇受大众欢迎。

△ **紫砂合菱壶　清乾隆**

高9.9厘米，宽17厘米

△ **子治刻字段泥百果壶　清中期**

长15.5厘米

△ **邵景南八卦一捆竹　清代**

高10厘米

△ **杨氏款十六竹　清代**

高11厘米

△ **莲子壶**

高10厘米，宽18.3厘米

△ **印包壶**

高5.6厘米，宽11.2厘米

△ **灵芝壶**

高9.2厘米，宽15.2厘米

△ **迎客松壶**

长19.5厘米

△ **灵芝壶**

高9.2厘米，宽15.2厘米

△ **灵芝壶**

长15厘米

△ **梨形壶　清代**

高7.2厘米，宽6.8厘米

△ **山上人家壶**

长14.3厘米

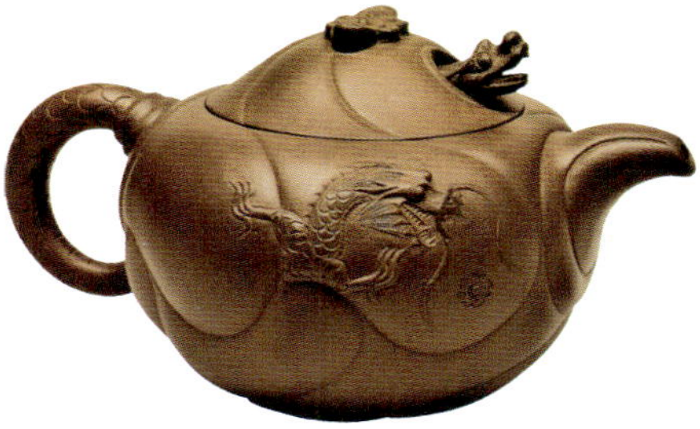

△ **鱼化龙壶**

高9.2厘米，宽15.2厘米

△ **豹方壶**

长16厘米，宽6.6厘米

△ **蛤蟆莲心壶**

高20厘米，宽14.3厘米

△ **铺砂方壶　清代**

高10.5厘米，宽10.5厘米

△ **僧帽壶**

高9厘米，宽12.8厘米

△ **罗汉松桩壶**

长16厘米

△ **紫砂泥绘高士赏月汉方壶　清中期**

高8.4厘米，宽11.6厘米

△ **线因壶**

高19厘米，宽7.2厘米

2 | 引申命名法

所谓引早命名法，即在摹形状物的形象的基础上，略加抽象引申而加以命名。该种壶名多富含哲理，或具有文字雅趣，发人深思。例如：

将形如古井的井栏壶引申命名为“思源”壶，使人听到壶名，即想到“引水思源”之成语，提醒人们吃水不忘挖井人的哲理。

梅花凌冬开放，是迎接春天第一花，故有人将梅花壶命名为“报春”壶。听其名，即刻使人联想到著名的《卜算子·咏梅》中“俏也不争春，只把春来报”的诗句。

生肖纪念壶，叫作“吉祥”壶（鸡年），“兴旺”壶（狗年），“三羊开泰”壶（羊年）……也有这种意思。

引申命名法是文人雅士命名紫砂壶最常用的方法，满足他们玩字的心理需求。

△ **报春壶**

高22厘米，宽13.5厘米

△ **紫砂五福有寿壶　清雍正/清乾隆**

高8.4厘米，宽11.6厘米

3 | 拟人命名法

所谓拟人，即把事物人格化。将砂壶看成有生命的人而加以命名，即为拟人命名法。如传统茗器“寿星壶”“笑婴壶”“三友壶”“西施壶”等，均采用的拟人命名法。

拿西施壶来说，西施为古代美女，给壶施以西施之名，即把该壶认为和西施一样美，或者制作此壶的灵感来源于西施：壶嘴是西施的口，壶把是西施纤细的腰姿……当然，壶整体看起来应有女人的娇柔之美，绝对不能五大三粗，否则就是“张飞”壶了。

▷ **朱砂鼎足三友壶　清早期**

高9厘米

◁ **岁寒三友壶**

高6.3厘米，宽14.2厘米

△ **紫泥秦权壶　清道光**

高15厘米

4 | 用典命名法

用典命名法即以某个历史典故命名。例如“东坡提梁壶”（或称“苏提”），相传是宋代文豪苏东坡设计的。苏东坡性喜饮茶，有“松风竹炉，提壶相呼”的佳话传世，故后人加以意会，把提梁壶命名为“东坡提梁壶”。该命名可谓机巧致极，增加了壶的历史与文化厚重感。

“石铫”壶、“秦权”壶、“博浪锥”壶等紫砂壶命名，也均含有典故。

△ **杨彭年制并刻兰石诗文秦权壶　清道光**

长14.7厘米

△ **点彩腰圆壶　清早期**
高14厘米

△ **点彩腰圆竹节壶　清早期**
高16.5厘米

5 | 装饰命名法

紫砂壶制作时会用到装饰工艺，如在壶上名诗文、画线条、刻绘图画等，并进行着色处理，于是便产生了以壶艺的某种装饰加以命名的方法。例如："八卦彩绘大壶""开光彩绘紫砂方壶""四方彩绘壶"等壶名，既点出壶形之大壶、方壶、四方等，又指出彩绘这种装饰工艺；"锡色方础壶""包锡罩壶"等壶名，则指出包锡装饰工艺；"红木镶嵌御包壶""贴花四方开光壶""泥绘束腰圆壶"等壶名，分别点出"红木镶嵌""贴花""泥绘"的装饰手法。装饰命名法既有形象的成分，也便于普通人了解紫砂壶的装饰工艺特点。

△ **紫砂泥绘山水神灯壶　清中期**

△ 段泥加彩折枝花卉纹百果壶　清嘉庆

长17.5厘米

△ 紫泥粉彩蟾纽山水纹壶　清嘉庆

高215厘米

△ **紫泥粉彩花卉纹方壶　清嘉庆**

高22.2厘米

△ **笨岩制紫泥泥绘王维诗意瓜棱壶　清乾隆**

宽14.5厘米

△ 彩绘高颈壶

四 紫砂壶是最理想的茶具

中国人自古有饮茶的习惯，至唐代时出现了专用的饮茶器具，而后专供品茗的紫砂壶问世。今天，茶具五花八门，根据材质的差异可分为金属、陶瓷、玻璃、塑料等。相较而言，紫砂壶是众多茶具中最优秀的一种，是沏茶的利器。

1 紫砂壶与其他茶具优劣比较

（1）紫砂壶沏茶优点

紫砂泥是一种双重气孔结构的多孔性材质，气孔微细，密度高。制作成茶壶后，具有以下七大优点：

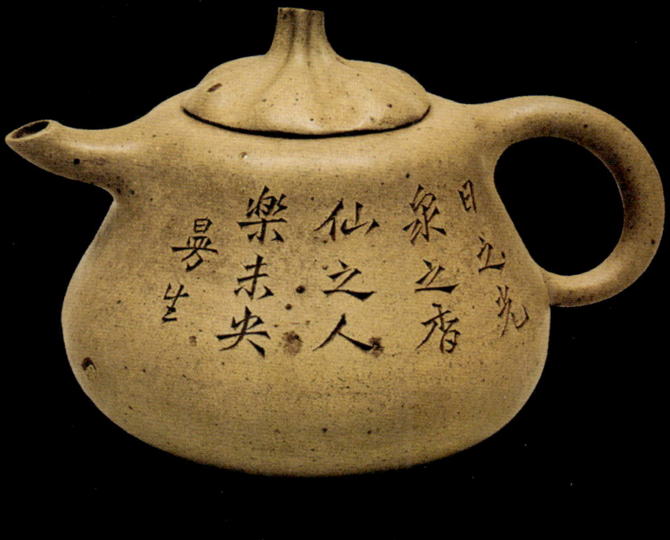

易生瓜壶

高16厘米，宽9厘米

一是色香味皆蕴。紫砂陶是由紫砂锤炼出来的陶，用以泡茶，既不会夺茶香气，又没有熟汤气，故色香味皆蕴。正如《长物志》所说：“（紫砂壶）既不夺香，又无熟汤气。”

二是茶水越暑夜不馊。紫砂壶透气性能好，泡茶不易变味，暑天过夜不馊。

三是砂质茶壶能吸收茶汁。使用紫砂壶泡茶一段时间后，能增积“茶锈”，所以，即使是往空壶里注入沸水也会品尝到茶香。

四是便于洗涤。紫砂壶如果较长时间不用，难免会产生异味，这时可用开水将壶泡烫两三遍，异味自除，再泡茶时则茶香四溢。

五是冬天泡茶绝无爆裂之虑。紫砂壶耐冷热急变的性能较强，寒冬季节注入沸水，壶体不会因温度急变而爆裂；而且砂质壶体传热缓慢，不管提、抚、握、拿均不会感觉到烫手。

六是高温和低温下烧茶不会炸裂。紫砂茶壶对冷热温度的适应性很好。紫砂陶质具有耐烧性，能放在小火上炖烧而不会炸损，冬天置于温火烧茶，壶也不易爆裂，在高温和寒冷的低温状况下使用也不会炸裂。

苏东坡当年用紫砂陶提梁壶烹茶时，有“松风竹炉，提壶相呼”的诗句，也绝非偶然。这就是古今中外讲究饮茶的人，特别喜爱用紫砂壶的原因。

七是经久耐用玉色晶光。紫砂壶十分耐用，涤拭的时间越长，自身越会发出黯然之光，人手可鉴，于是器身会呈现玉色晶光，并以边喝茶边把玩摩挲为乐事。《茶笺》中指出：“摩掌宝爱，不啻掌珠。用之既久，外类紫玉，内如碧云。”《阳羡茗壶系》也说：“壶经久用，涤拭口加，自发黯然之光，入可见鉴。”

（2）其他茶具沏茶的不足

塑料杯、搪瓷茶具、金属茶具和保温杯等，作为泡茶用具，每种均有或多或少的不足。具体如下：

塑料杯：一些塑料杯经沸水冲泡后，会溶出一些异味物质或有害物质，影响茶味不说，更有损人体健康。

搪瓷茶具：沏茶效果不佳，特别是搪瓷碰破露出铁皮后，更会影响泡茶质量，所泡出来的茶水失去原有味道，色泽发黄，且带有熟汤气。

金属茶具：一般含金、银、铅、铜量较高，磨损后再沏茶喝，人体过量吸收金属成分，不利于人体健康。

保温瓶（杯）：热水注入杯中，水温一直保持较高，致使茶中芳香物质挥发得快；水高温还能使茶多酚等成分浸出过多，泡出的茶汤色浓，味苦涩，并有闷熟感。特别是绿茶，最不适合用保温瓶冲泡。

△ **菱丛套具**

高13厘米，宽11厘米

2 | 什么样的茶适合紫砂壶来喝

茶叶按发酵程度可分为全发酵、半发酵和不发酵三类。

全发酵包括红茶、普洱（熟）等，半发酵包括铁观音、岩茶、乌龙茶等，这两种茶均适合用紫砂壶来沏水。

不发酵的茶指绿茶，如龙井、碧螺春、白茶、翠竹等。绿茶一般可用玻璃杯冲泡，但用较大壶口的紫砂壶来冲泡也很好，如仿鼓壶、虚扁壶，壶口大散热快不说，揭去壶盖还能观赏绿茶在水中的形态美感。

紫砂壶有调和的作用，沏品质较差的绿茶可改善口感，去除茶的苦、涩口感。

另外，应根据茶的种类选择紫砂壶。如普洱茶、红茶，用身筒较高的紫砂壶饮用最佳；铁观音，则适宜选用身筒较矮的紫砂壶，因为茶壶可以在瞬间达到高温，正好满足了铁观音的冲泡要求；乌龙茶叶呈卷球状，选择紫砂壶圆器则可让茶叶有足够的空间完全伸展，有利发茶。

五 紫砂壶分哪些档次

紫砂壶质量有优劣高下之分，一把紫砂壶的质量好坏全在于制作者的工艺水准及文化底蕴。从壶的制作精细程度上分档，紫砂壶可分为大路货、细货、特种工艺品三大类。

1 大路货

大路货主要指实用品，面向群众的大批量产品。这种壶不讲“艺”，只讲“用”，故制作简略，相对粗糙，出货数量大，自然价格低廉。

一般来讲，大路货不在鉴赏收藏之列。当然，也有例外。如经济环境不太好时，一些壶艺高手也会做大路货，以图糊口谋生，这种大陆货还是值得收藏的。另外，具有一定历史的老壶，其研究价值高，也值得收藏。

2 细货

细货指具有一定欣赏价值，且兼具实用性的紫砂壶。细货的制作者多为良工巧匠，以复制传统造型为主，有批量的，也有相当的制作水平，“用”与“艺”兼顾。

3 特种工艺品

特种工艺品包括艺术品，指壶出于名家之手，不仅造型完美，而且特别讲究制作中的工艺质量，是制作者创造意识的结晶。

该类紫砂壶不是以某种固定生产流程生产出来的，更非批量生产，因此它们是紫砂壶藏家渴求的对象，价格不菲；一旦成为文物，价格更加惊人。

自古以来，艺术品级的紫砂壶就“炒”得很厉害。如“景陵铜鼎半百清，荆溪瓦注十千余”，意思是说景陵的铜鼎五十钱可以买到，而荆溪的砂壶却要价一万多。《茗壶图录》中也有“明朝一壶值抵中人一家产”说法。由此可见，制壶名家作品价值之高。

六 紫砂壶为何盛产于宜兴

说到紫砂壶，国人必谈江苏宜兴。宜兴是紫砂壶的发源地，宜兴自古至今所产紫砂壶闻名天下。为什么宜兴产紫砂壶千百年来兴旺不衰呢？

1 | 经济富饶

宜兴位于苏、浙、皖三省交界处，长江三角洲的太湖之滨。古时曾叫荆溪，因苍山清溪而得名。秦始皇统一全国后改名阳羡。后晋惠帝把阳羡改名为义兴。宋朝时，宋太宗名叫光义，为了避讳，改义兴为宜兴，该名一直沿用至今。据历史记载，宜兴至少有四千年的历史，可谓名副其实的历史古城。

宜兴地理位置优越，南部为丘陵山区，林木茂盛；北部自古以来就是江南富饶之地，鱼米之乡。

世界也罢，中国也罢，历史上每个曾经的经济发达地区，都离不开两个条件，一个是土地，一个是河流湖泊。土地的重要性不言而明，河流湖泊则既可为人类提供灌溉之便，更是一种运输工具，推动经济发展和商贸往来。宜兴境内河网稠密，多湖泊，为宜兴当地的茶叶、陶器走向全国各地提供了便利条件。

2 | 盛产名茶

宜兴，是中国最享有盛名的古茶区之一。秦统一中国后，滇、蜀一带的茶叶种植沿长江逐渐向中下游推广。翻阅史书，我们会发现早在汉朝便有

△ **紫泥大菊球壶　清中期**
高21.8厘米

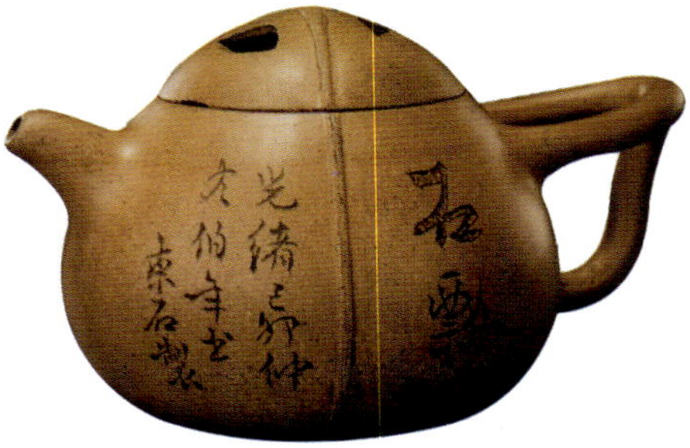

△ **瓢瓜壶　清光绪**
高13.5厘米

“阳羡买茶”和汉王到茗岭“课童艺茶”的记载，表明宜兴早在两千多年前已开始招收学童，传授茶叶生产技术了。据《宜兴县志》记载：阳羡“有名山一百三十六”“离墨山（按即国山，三国时孙皓在善卷洞立国山碑而易名）在县西南五十里……山顶产佳茗，芳香冠他种”。

山顶佳茗就是云雾茶。到了唐代，连皇帝也喜欢宜兴茗茶，规定每年要宜兴进贡茶叶。唐上元年间（760—762），陆羽在《茶经》中证实阳羡茶山产茶，“芬芳冠他境”。到唐武宗年间（841—846），贡茶数量增加到1.84万斤。因阳羡茶是早于“建茶”而南茶北贡的名贵贡品，故有“阳羡唐贡茶”的美称。阳羡茶在历代文人笔下是极负盛誉的。隐居茗岭的唐代诗人卢仝曾在《走笔谢孟谏议寄新茶诗》中写道：“闻道新年入山里，蛰虫惊动春风起。天子须尝阳羡茶，百草不敢先开花。”

煮茶须用好水。古人认为煮茶的水，以“山水上，江水中，井水下”。在唐代，宜兴的金沙泉也成为贡茶时必须同时上贡的煎茶良泉。据说，当时金沙泉是以陶都特产的紫砂水瓶（古称雅壶）为容器，由水路专程运往京城长安。用金沙泉沦出的阳羡茶汤清、色浓，茶香、回味甜。明代学者周高起在他的《洞山岕茶系》中形容阳羡茶、泉时说：“淡黄不绿，叶茎淡白而厚，制成梗绝少：入汤色柔白如玉露，味甘，芳香藏味中，空蒙深水，啜之，愈密，致在有无之外。”

总之，宜兴因为盛产名茶，泡茶所用的器具如茶壶、茶杯、茶杓等也相继发展起来。

3 | 文人荟萃

宜兴是宝地，自古以来有文人才子聚集地，这里曾出过四位状元，十位宰相。古代名人如晋朝的周处、南北朝名陈庆之、宋末元初词人、明代著名的宰相周延儒等，近现代美术大师徐悲鸿、吴冠中等，均出于此地。

△ **东溪文人壶**
高7.8厘米

许多外地名人也曾到宜兴生活定居。如陆羽为了研究茶，曾到宜兴南山种茶、采茶、制茶，在山区住了很长时间，积累了丰富的实践经验，为他撰写《茶经》取得了第一手材料。

唐代大诗人杜牧也曾在宜兴居住，在《题茶山》一诗中写下“山实东吴秀，茶称瑞草魁”“泉嫩黄金涌，芽香紫璧裁”的名句，来赞赏阳羡茶。

宋代的苏东坡曾谪居宜兴蜀山讲学时，非常讲究饮茶，饮茶有三个很高的要求：茶具一定要质量好，茶叶一定要是阳羡唐贡茶，烹茶的水一定要是金沙泉。并留有“买田阳羡吾将老，从初只为溪山好”的佳名。

文人辈出，许多人对宜兴茶赞叹留诗，无疑为宜兴茶、宜兴紫砂器具做广告，为宜兴紫砂壶走向全国起到推动的作用。

4 | 盛产陶泥

中国以陶瓷而闻名于世界，英文“China”即为陶瓷的代名词。中国是陶瓷的代表，而宜兴是中国陶瓷的代表，故有“陶都”之誉。

宜兴之所以陶业发达，与宜兴盛产陶泥有关。宜兴南部为丘陵山区，广储陶泥。丁山是宜兴境内陶泥和燃料的丰富产区，几乎家家做坯，处处皆窑。其陶泥可塑性高，收缩率小，这种特性是其他地区所不能比拟的。所以就算在相同的工艺技术水平之下，宜兴紫泥壶的艺术水平总比其他地区产的砂壶器为高。

宜兴盛产陶泥对宜兴陶业千年传承发展具有决定性作用，因为古代交通不发达，如果从外地大量地运陶泥进宜兴显然是不现实的，更不可能将宜兴陶瓷业延续数千年之久。

△ **大扁壶　清代**

高15.5厘米，宽8.5厘米

△ **堆塑桃花圆壶**

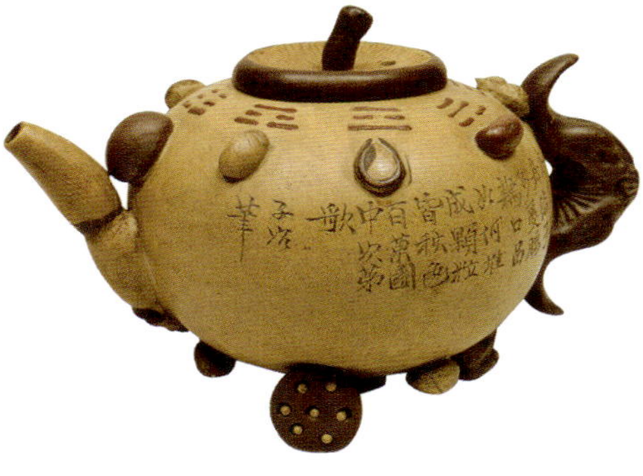

△ **百巢壶**

高17厘米，宽10厘米

5 | 悠久的烧陶历史

宜兴烧陶业历史悠久，据说可追溯到春秋时代的越国大夫范蠡。范蠡助勾践灭掉吴国后，便到宜兴定居，改姓陶，故今天宜兴的陶业工人仍供奉范蠡为陶业祖师。

从考古资料看，宜兴在汉代时便成为江南的烧陶中心，烧造釉陶、灰陶和红陶；晋朝时青瓷烧制颇具规模，成为中国主要的青瓷产地，生产区域主要集中在太湖西岸的丁山、蜀山、汤渡（今丁蜀镇）等地。至明清时期，陶瓷的生产规模扩大，“家家捶泥声，户户制陶忙”。数千年的制陶史从未中断，生产技艺日益提高，誉享海内外。

今天，人们在宜兴可以找到制陶古遗址上百处，其中汉窑、六朝窑、隋唐窑各有数处，明清窑则多达六十余处。

△ **树桩壶**

高14厘米，宽7.3厘米

△ **美林刻壶**

高18厘米，宽7.3厘米

第二章

紫砂壶历史发展

紫砂创始在何时，在我国陶瓷史上一直存在争议。明、清时代的史籍中明确地说，紫陶器创始于明代弘治、正德年间，金沙寺的和尚和书童是创始人。但一些学者认为，宜兴紫砂壶的出现同历史上其他器具一样，应该有一个孕育或者说萌芽的过程，加上一些资料的参考，故认为它应始于宋代，成熟于明清，鼎盛于当代。

清代宜兴陶业进入全盛时期，是紫砂壶艺术全面发展的繁荣时期，特别是装饰艺术发展到了又一艺术巅峰。手工工场的兴起令分工日趋细密，技艺逐渐完善，至清末丁蜀一带兴起“家家做坯，户户务陶”的繁荣景象。清代的紫砂在选料、配色、造型、烧制、题材、纹饰、工具各方面均优于明代。现代更是紫砂史上的繁盛高峰时期，名人辈出，工艺及造型丰富多彩，更使紫砂添上了神秘的色彩。

在千百年的薪火相传中，紫砂壶艺冠绝历代，独步千秋，成为无与伦比的陶中瑰宝。

△ **锡浅刻山水诗文三镶壶　清乾隆**

长16.6厘米

◁ **圆珠壶**

高17厘米，宽11.5厘米

一 紫砂壶源头是茶文化

紫砂壶文化是伴随着茶文化而出现的，与茶文化相生相伴，如影相随。所以，紫砂壶源头是茶文化。

1 古代饮茶之风

茶文化在我国有着悠久的历史，古代文人雅士平时常常会聚集一起，且鼎且缶，亦啜亦饮，从中可获得无限的情趣。宋代大诗人王安石曾有“人固不可一日无茶饮”之语，可见饮茶在古代人们生活中具有很重要的地位。

早在汉代以前，我们的祖先就对茶的功用有了很深的了解，饮茶之风先从巴蜀和江南一带向北方发展，然后又从中国向世界各地传播，茶最终成为世界性的饮料。

据《华阳国志》、司马相如的《凡将篇》和扬雄的《方言》等书中记载，武王伐纣时就出现将茶作为贡品，以及反映西汉时代买茶、烹茶、饮茶的事。

2 | 饮茶的方法茶具的变迁

饮茶的方法从古到今也有几个不同的阶段。从药用到茗饮，最先采混煮法，然后又有煎茶法，这些方法于唐代乃至晚唐非常流行。

不同时代的饮茶方法不同，茶具也随之在不断地变化着，最早人们采用混煮法，青、白釉瓷浅腹碗，用来饮茶最为恰当。

因为茗饮方法不同，饮用器“茶壶”（宋代以前名汤瓶）也有不同的形制。唐代是“煎茶法”，所以壶腹大，口大，短流。

五代、宋代至元代饮茶方法主流是点茶法。点茶法是先将茶饼研碎，置碗中，浇入沸水，并用茶筅搅打，然后饮用。点茶要求所用壶具为长曲流，小口。

明初至今采用泡茶法，即今天人们喝茶的方法，将茶叶放入茶具中，浇入沸水冲泡。“泡茶”对泡茶壶具提出新的要求，要求壶身变矮小。壶小可以使茶保持“香不散”，味不耽搁，进而保持茶本身的“色、香、味”。

可见，随着饮茶之风的盛行，历代储茶、煮茶、饮茶之具也不断丰富。茶具制品多种多样，材料繁多，主要有金器、银器、铜器、锡器、玉器、珐琅器、陶器、瓷器等，日常普遍使用的则是陶瓷器。

作为陶瓷器之一的紫砂壶，是在明代泡茶之风的引导下正式登上历史舞台的。紫砂泥料的特性可使冲泡茶的色、香、味得到最佳发挥；而且它的可塑性强，最适合制作茶壶，造型可随心所欲地变化，因此紫砂壶在日用陶器中脱颖而出，走上艺术化的发展道路，成为各种名瓷之外别树一帜的茶具。

茶文化的发展催生了紫砂壶的问世，而紫砂壶的发展又推动了茶文化。

△ **嵌泥圆玉壶**

长13.5厘米

二　紫砂壶的时代发展特点

每个时代紫砂壶的基本风格和特征都不尽相同，这既受当时社会习俗、审美情趣等影响，也与每个制壶艺人的手法不同有关。总体来说，紫砂壶的历史发展及演变，表现为由粗到精，由简入繁，由实用器具发展至艺术品的过程。下面是各时代的紫砂壶的发展特点。

1 宋代的紫砂壶

陶瓷业发源于新石器时代。紫砂陶瓷的创始，根据一些历史文献的研究和古窑址的发掘，可以追溯到北宋中期，甚至有人提出唐代就已有紫砂壶，但目前尚未发现实物。宋代至明代这一段时间，可以视为紫砂壶的萌芽期。其特点如下。

（1）初步掌握紫砂泥料加工技术

宋代一些文豪在诗词中称颂紫泥新品、紫砂罐等的题颂，如大诗人欧阳修诗云：“喜共紫瓯吟且酌，羡君洒脱有余情。”紫瓯，即为紫砂制的盏。梅尧臣有诗说道：“小石冷泉留早味，紫泥新品泛春华。”紫泥新品，极可能指的就是紫砂壶。诗句则道出人们已经用紫砂陶壶烹茶。

这些资料至少能证明陶艺工人已经掌握紫砂泥料的加工成型技术，制成紫砂器具使用。

（2）紫砂器具为日常实用器物

宋代的紫砂器具，包括紫砂壶，是作为日常实用器物出现的，与大多数陶器一样，还停留在“草根阶段”，远未升华到艺术性层次。

△ **炮嘴大壶　明代**

高15.5厘米

此壶大腹平底，有千钧不动之姿。圆头高劲，有抑扬无谓之势，把顶略做尖耸，与直流上翘互为角力，更增添了几许霸王气概。

△ **时鹏三足圈钮壶　明代**

高12厘米

此壶构思巧妙，身作苹果式，短颈压盖，秤砣滴钮上饰圈环，壶肩贴以“S”纹泥条装饰，流、把用外接手法，近肩处突兀一短促小流；执把用扁泥条作耳式，与壶身衔接过渡自然，又与装饰纹前后呼应。壶底鼎足更是匠心独具，流下刻有“时鹏”楷书，字体端主隽秀，刀法自然硬朗。

△ **佛手壶　蒋蓉**

2 | 明代的紫砂壶

进入明代，紫砂壶有明确史料可考，明朗化起来。如明代周高起在《阳羡茗壶系·创始篇》中说：“金沙寺僧，久而逸其名，闻之陶家云：僧闲静有致，习与陶缸瓮者处，抟其细土，加以澄练、捏筑为胎，规而圆之，刳使中空，踵传口柄盖的，附陶穴烧成，人遂传用。”周容《宜兴瓷壶记》说：“今吴中较茶者，必言宜兴瓷，始万历，大朝山寺僧传供春者，吴氏小吏也。”

明代是紫砂壶发展史上一个重要时期，紫砂壶开始走向成熟，并逐步脱离实用器皿，走上艺术化道路。其特点如下。

（1）筋纹器是主流造型

筋纹器是明代紫砂壶造型的主流，制壶艺人将花瓣、瓜棱、菱花、云水等形体引入紫砂壶造型，把紫砂壶塑成花瓣式、瓜棱式等壶形，打破了茶壶单调格局，令壶式活泼多样，增添艺术意趣。这一风气一直延续到18世纪以后。

（2）受明式家具影响明显

明式家具兴起于明朝，独树一帜，追求简洁的风格，少有装饰。当时的紫砂壶受此影响随处可见，它们整体比较协调，不附加装饰，仅以筋纹线的变化及开光加强装饰效果，泥质颗粒较粗，正所谓“不务妍媚而朴雅坚栗”。

（3）壶由大变小

明万历之前，紫砂壶多形体较大。万历之后，壶形日渐缩小。从“盈尺兮丰隆”转向“径寸而平柢”一途。壶体变小，与士夫饮茶趣味和习惯的改变有着直接的关系。

（4）制壶名家辈出

明代是紫砂茗壶的兴旺成熟期，名家辈出。如被后人称为“宜兴紫砂壶的始祖”的供春，有供春树瘿壶传世。供春之后，有时大彬、李仲芳、徐友泉等名家。时大彬创造了僧帽、菱花、六方、瓜棱等紫砂壶造型，对后世影响巨大。

△ **藕倒流壶　蒋蓉、范曾合作**

（5）制壶工艺呈现古朴美

紫砂壶所用泥料为制作缸坛的粗泥，含有粗砂颗粒，杂质较多，烧成时收缩不一，表面粗颗粒略有凸出，呈梨皮状。

壶多与缸坛同窑烧制，缸坛的釉高温熔化后随气流升腾凝附到素身砂壶上，产生“飞釉”。万历后，烧制工艺有所改进，飞釉不再有出现。

明万历后，紫砂艺人开始注重对泥料的加工、调配，开始用调砂泥料，即在较细的泥中掺入颗粒较粗的生泥或熟料，烧成后壶表砂粒隐约可见，典雅古朴。至今，一些高档紫砂壶仍用调砂泥。

另外，明代紫砂壶由手工捏制而成，壶表经拍压，滋润光泽；内壁未经拍压、有指痕，疏松而保持了透气性，吸水率可达3%～5%。

3 | 清代的紫砂壶

进入清代，紫砂壶的制作水平又在前人的基础上更上一层楼。特别是从清康熙中期到乾隆晚期，全国社会安定，江南地区富甲天下，上至宫廷皇室下至文人商贾，均雅好紫砂，于是宜兴紫砂壶进入历史上的繁荣期。到清晚期，受战争、列强入侵的影响，紫砂壶发展一度陷于低潮。其特点如下。

（1）自然形体为主流造型

清代，紫砂壶造型有新的变化，筋纹器型与自然型体相融合，后来被自然形体所取代。自然形体造型变化的引领者是陈鸿寿，他创造了曼生十八式，作品世称“曼生壶”，开创紫砂壶样一代新风。

（2）精于装饰

明代紫砂壶少有装饰，而清代紫砂壶在装饰上下大功夫。自康熙中期到乾隆晚期为止，装饰风格发展到顶峰，采用泥绘、加彩、浮雕、堆泥、贴花、施釉、搅泥、镂孔、包漆、包锡、磨光等大量技法。

康、雍、乾三代的宫廷用壶，制作精益求精，不惜工本，追求高贵富丽的皇家气派和奢靡之风。例如，烧成的壶还会在壶体上施彩，再入窑烧制。但是该工艺掩盖了紫砂壶的自然古朴之美，乾隆嘉庆以后不用。

（3）文人参与制壶

清代嘉庆、道光年间，文人参与制壶，这成为紫砂壶艺突出的时代特征。首创者为嘉庆时文人陈曼生，后继者有瞿应绍、邓奎、朱坚、乔重禧等人。紫砂壶从此转趋典雅道古，样式创新不说，壶上还引入书法、绘画、篆刻等装饰工艺。

他们所制之壶多留有印款，“壶依字贵，字以壶传”。印款均为篆体方印，金石味很浓，一般在底部，盖内少有，把下印很少见，刻款为钢刀刻之，在底部，还有楷书刻堂名款。

（4）制壶工艺进步

清代紫砂的练泥与烧造较明代有明显的进步，泥料加工后较细腻，胎身表面平整。泥料配色也更丰富，朱泥、紫色仍为主体，还有白泥、乌泥、黄泥、梨皮泥、松花泥等多种色泽。烧造采用龙窑，温度比较均匀，过温、欠温的现象很少出现。

器身采用拍筒身和镶筒身技法制作，流、把采用明接与暗接，接口修饰均较好，基本为独孔。一般紫砂圆器可以达到精圆水准。

4 民国的紫砂壶

民国初期，社会相对安定，出现大批制壶名手，如程寿珍、范大生、李宝珍、汪宝根、蒋燕亭、陈光明、冯桂林、邵云如、任淦庭等。他们不但技艺扎实，且各有绝活，故一扫晚清的紫砂颓势的同时，开创了民国初期的复兴局面。1937年抗日战争爆发，社会动荡加剧，紫砂壶发展态势十分严峻，受到极大的考验。但总的来说，紫砂壶文化仍在进步。其特点如下。

（1）紫砂商号层出不穷

清末，紫砂行业受战乱影响步入衰颓。进入民国之后，紫砂业开始缓慢复兴，最突出表现就是经营紫砂的商号增多，如利永陶业公司、吴德盛陶业公司、陈鼎和公司、葛德和陶器店、铁画轩陶器厂等，都是其中的佼佼者。

紫砂壶广受欢迎，除供应国内市场，还远销国外，部分商号甚至在日本、新加坡等国设店。像利永等大紫砂公司，不仅建有龙窑，还有自己的注册商标和自己的发行所，产、供、销一条龙。

不得不说一点，1937年抗战爆发后，紫砂壶市场每况愈下，一片萧条。窑场数量、从业人员大量减少，但仍有一批艺人坚守。

（2）紫砂仿古成为潮流

民国对明清紫砂珍品十分追捧，并逐步发展成为市场的主流，至20世纪初达到高峰。毫不夸张地说，宜兴所有的顶尖艺人都从事过仿古工作，仿品质量过硬，甚至与明清珍品难分伯仲。例如，顾景舟从仿古入手，终成一代壶艺名师。

紫砂商号私下也制作仿古壶，因为它们的买卖利润更高。

▷ 邵旭茂制紫泥葫芦纽提梁壶　清早期

◁ 贴花大壶　清代

高27厘米，宽17厘米

△ **紫砂莲子壶　清中期**

△ **朱泥莲子壶　清代**

高11.8厘米

△ **紫泥锦囊执壶　清早期**

（3）制作工艺提升

步入民国，紫砂壶的制作分工更细，生产形成炼泥、制坯、刻字、焙烧、包装等专业分工。

分工的同时，工艺制作创新颇多。如往传统泥料中加入化工原料氧化钴、氧化锰等，配成墨绿泥、黑紫泥等泥色，使“五色土”更加妍艳；研制出均青釉、古铜釉等装饰方法，创造了在紫砂器上吹釉、挂釉、贴花、印花等加彩技法。

（4）人才培养模式创新

以前，紫砂人才培养多为师承、家传，民国时出现了新的培养模式，如企业培训、学校职业教育等。例如，1921年利永公司举办“利永陶工传习所”，招收艺徒20名，由范大生、邵云如等名师授课传艺。

（5）海外影响力扩大

民国时期，对外开放。宜兴紫砂在实业家、同业公会等的积极推动下，多次参加世博会展出，屡获殊荣，使宜兴紫砂享誉海外。例如，1915年旧金山巴拿马太平洋博览会，宜兴物产会选送的一批紫砂器获头等奖；1930年比利时列日国际博览会，利永公司展出的紫砂陶获银质奖章；1935年英国伦敦国际艺术展览会，范鼎甫的紫砂雕塑“鹰”获金质奖。

获奖不仅扩大了民国紫砂的世界影响力，还证明这一时期的紫砂的整体实力很强。

△ **神灯壶　清代**

高17厘米，宽10厘米

△ **圆菱壶　清代**

高11厘米，宽8厘米

△ **紫泥竹纹壶　清道光**

高13.3厘米

5 | 新中国的紫砂壶

新中国成立后至今的60多年间，紫砂壶迎来一个崭新的阶段，从恢复走向繁荣。其特点如下。

（1）制作工艺进步

从泥料的角度来讲，采用机器炼泥，泥料质量大幅提升，比以往任何一个年代都细腻。所制的壶更加规整。煅烧技法也不断创新，出现电热窑、煤气窑、液化石油气窑等。

另外，还出现了灌浆壶、拉坯壶等非传统紫砂壶加工方法，具有成品快、产出数量大的特点。不过，这些制作方法并不被紫砂玩家认可，不具有收藏价值，充其量就是一把喝水壶具而已。

（2）造型创新层出不穷

进入现代以来，紫砂器物造型创新不断，呈百家争鸣的现象。如顾景舟创作过云纹肩三足鼎壶、雪华壶等，令人惊喜；王寅春创作了玉笠壶、八方盅型壶等，使人眼前一亮；以花货见长的蒋蓉则创作的荷花茶具、芒果壶、月色蛙莲壶、青蛙荷叶壶等，让人耳目一新。

此外，高庄教授的提壁茶具，画家亚明的亚明方壶、高瓜壶，则开创了新时代艺术家与紫砂艺人合作的先河。

（3）从业人员空前

目前，从事紫砂陶艺的人员超过以往任何一个时代，出现众多紫砂工艺大师，其中以顾景舟、任淦庭、吴云根、裴石民、王寅春、朱可心、蒋蓉、汪寅仙、徐汉棠、周桂珍、李昌鸿、潘持平、高振宇等为代表。如吴云根擅长紫砂塑器造型，艺术风格朴实稳重。尤善以竹为题材。其大型竹提壶、竹段壶等实用美观，为紫砂爱好者所珍爱。

宜兴的紫砂陶艺迸发出新的活力，创作理念与时俱进，新品新作层出不穷，艺术流派精彩纷呈。

（4）紫砂文化理论研究获得突破

对于紫砂文化理论的研究，在20世纪80年代获得突破。香港紫砂文化传播者罗桂祥出版《宜兴陶艺》一书，书中除紫砂壶器图谱外，还将紫砂的发展过程分为草创期、典范期、繁荣期、转化期、衰落期和复兴期等几个阶段，开辟了紫砂发展过程新的理论总结。

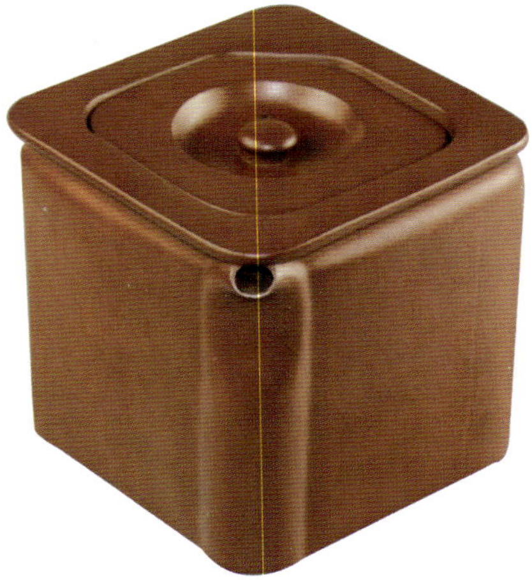

△ **朱泥方形壶　清代**

边长12厘米

△ **小圆盘壶　清代**

长9.5厘米，宽6.5厘米

△ **老紫砂壶作品　上海博物馆藏**

◁ **蜂菊壶　原矿朱泥、绿泥　丁淑萍作品**

获中日韩国际茶文化交流会名壶展评“国际金奖”。

三　历史上的紫砂壶艺术名家

紫砂壶历史悠久，各朝各代不乏制壶名家，他们或创制革新，或继承传统，用自己的行动默默地书写着紫砂的传奇。下面就介绍几位紫砂发展史中里程碑式人物。

1｜供春：宜兴紫砂壶的始祖

供春又名“龚春”，少时为四川参政吴颐山的伴童。吴颐山未入仕前，带着书童供春前往金沙寺闭门读书。

金沙寺有一名老和尚，擅长制作茶壶。供春在陪读之余，常常陪着老和尚抟坯制壶。当时紫砂造价很高，供春遂从老和尚洗过手的缸里捞出一些沉淀的陶土，经过反复的筛、洗、压、碾，最终得到了紫砂。

一日，供春在园中玩耍，见院内参天银杏的树瘿十分别致，凸显灵感，想照样捏一把壶。他没有工具，就用茶匙挖空壶体，之后用手指按平胎面，成型的壶面上留有“指螺纹隐起可按”的痕迹。这些指纹交错重叠，甚是可爱，透着灵气。

△ **供春壶**

高18厘米，宽11厘米

△ **大供春壶**

长28厘米

整个壶身也浑然天成，造型惟妙惟肖，把银杏树的盘根错节、树瘿的多姿表现得淋漓尽致。配之黝黑的紫砂，全壶尽显古朴和高雅。

老和尚看过供春捏出的壶后喜出望外，认为供春是一个可造之材，悟性极高，遂收他为徒，倾囊相授做壶技艺，并命名其壶为“供春壶”：一是取供奉春神之意，二是取龚春的谐音。

供春壶新颖精巧，文雅天然。当时人称赞：“栗色暗暗，如古今铁，敦庞周正。”短短12个字，很精准地概括了供春壶的特色，令人如见其壶。其壶质地虽薄，但是非常坚实。

吴梅鼎在《阳羡瓷壶赋·序》中描述：“余从祖拳石公读书南山，携一童子名供春，见土人以泥为缸，即澄其泥以为壶，极古秀可爱，所谓供春壶也。”

龚春最终成长为宜兴紫砂壶制作的一位开宗立派性人物，将中国紫砂器推进到一个新的境界。从此，宜兴紫砂器生产发展迅速，百品竞新，名家辈出。

遗憾的是，龚春的传世之宝甚少，唯有树瘿壶（现藏于中国国家博物馆）和六瓣圆囊壶（现藏于香港茶具文物馆）。现在世上流传的所谓供春壶，多是仿品。当代宜兴紫砂大师顾景舟先生的一件仿品，价格也以数十万计，足见供春壶的艺术价值多么珍贵。

2 | 时大彬：紫砂壶之集大成者

时大彬，号少山，生于明代万历年间，殁于清代康熙初年，是明代嘉靖年间“四大名家”时鹏的儿子。他师从供春，制壶技艺全面，在泥料配制、成形技法、器形设计以及属款书法方面都有卓越的成就，所制之壶可谓“千奇万状信手出，巧夺坡诗百态新”。吴骞在《阳羡名陶录》里说：“明代良陶让一时”，此一“时”即时大彬。

时大彬突出贡献之一，是将文人情趣引入到茶壶中，使茶壶自此有了更深刻的内涵。时大彬早期的作品多为大壶，且仿古样式比较多。在与文人雅士结交中，他观察了文人的饮茶习惯，于是改大壶为小壶。在制作上用拍打法一气呵成，这样也就丰富了造型。

小壶一经推出，其儒雅气质深深地吸引了广大文人，更有甚者，以拥有时壶为荣。

时大彬最初喜制大壶，按画作之比例，用现在的眼光看，应有2500毫升之大。后时大彬游娄东，遇到明代的文学家、书画家、壶艺收藏家陈继儒。

陈继儒对茗壶有很高的鉴赏能力，曾聘请制壶好手蒋时英至家中制壶，然后陈继儒为之书铭。名工名士，后来世称“双绝壶”。

时大彬常与陈继儒讨论品茶试茶之奥妙，一天，陈继儒建议：“把壶从大改小，做成一把可以一手持之、一手捋须吟诗的雅器，那该有多好。”

于是，时大彬开始改制小壶，茗壶才由大而改小，改到了只有300毫升~400毫升。时大彬这一变革，将制壶工艺手法和壶形大小规格基本固定下来，并流传至今。他与陈氏之论也成为史上一件趣闻乐事。

时大彬贡献之二是，他改进师父龚春“斫木为模”的成型技法，直接手工制模，将“打身筒”和“镶身筒”结合，创制了紫砂传统上的专门基础技法。

另外，时大彬还开创了调砂法制壶，在泥料中加入砂，古人称赞“砂粗质古肌理匀”。

时大彬的紫砂壶并不力求雕琢，而以朴素雅致和整体感见长，风格高雅脱俗，造型流畅灵活。虽不追求工巧雕琢，但匠心独运，朴雅坚致，妙不可言。他的高足徐友泉晚年自叹：“吾之精，终不及时（时大彬）之粗也。”

时大彬的壶主要造型有僧帽、菱花、六方、书扁、瓜棱、八角等，其泥质温润凝重，造型沉稳，可谓壶艺之典范。

顾景舟先生对时大彬评价也极高，认为时大彬是“集大成者”，他说：“自时大彬开始，制作紫砂陶的一套传统技法，已在大体上建立，并传承给后代的各代艺人。这应是时大彬的最大贡献。”

△ 时大彬款笠式壶　明代

高6.4厘米，宽13厘米

△ **大彬三脚如意壶**

△ **时大彬剔红人物壶　明代**

通高13厘米，腹径8.9厘米

紫砂胎。通体雕有纹饰。盖面锦地上雕磬、螺、钟、拍板、鼓、珊瑚、笙、夜光珠等八种杂宝。器身四面开光，左右仍为杂宝，前后为山石人物：一面两老者在松树下欣赏山岩灵芝；另一面一老者伏案而坐，旁有松树翔鹤。柄、流均雕锦地云鹤。刀工粗犷豪放，与明前期形成不同的风格。底部隐约可见“时大彬”款。以紫砂胎制作剔红器，殊不多见。现藏故宫博物院。

3 | 陈鸣远：开自然型紫砂壶之先河

陈鸣远生活在康乾盛世，是继供春、时大彬之后的又一领军人物，堪称紫砂史上的第三位大师，被誉为“古来技巧能几人，鬼斧神工噪一世”，掀起了中国紫砂壶艺术史上的第二次高潮。

与时大彬一样，陈鸣远也有一个著名的紫砂艺人——陈子畦做父亲。他的造壶风格承上启下，既有明代的朴雅之风，又开启了写实主义仿生技巧的先河。在紫砂壶发展史上，他是一位技术娴熟而全面的大师。

在陈鸣远的作品中，光货的几何形体“朴质大方，结构合理，技巧严谨”；花货的自然形体“概括夸张，源于生活而又高于生活，并善于借鉴，继承中华民族的优秀传统”。

陈鸣远以生活中常见的栗子、核桃、花生、菱角、慈姑、荸荠等造型入壶，工艺精雕细镂，善于堆花积泥，使紫砂壶的造型更加生动、形象、活泼，使传统的紫砂壶变成了有生命力的雕塑艺术品，充满了生气与活力。

陈鸣远还开创了在壶底署款，壶盖内盖印的形式，并在清代形成固定的工艺程序。他是壶底署款、壶盖内盖印的第一人，对紫砂壶的发展产生了重大影响。

他的壶身题款更别具一格，颇有晋唐笔气，当时有言“海外竟求鸣远碟”。

清康熙年间，许多文人请陈鸣远制紫砂壶，并绘画题诗或落款。当时文人仰慕、佩服陈鸣远的紫砂技艺，都以为陈鸣远制器题诗落款为幸事。

陈鸣远先后与陈维崧、汪柯庭、杨中讷、曹廉让等文人相交甚密。在交往过程中，他听取、吸收、采纳了这些文人学士对紫砂器物制作的喜爱和偏好，积极地将他们所提供的意见或建议付诸实践，并由此开创了紫砂文房制作的先河。

△ 陈鸣远作品

其存世的梅干壶（现存于美国西雅图博物馆）最具有代表性，充分表现了陈壶对自然的夸张和借鉴。

梅干壶以其形似梅干而得名，从整体上看，好像是谦谦君子在弯着腰笑迎友人，又像是历经沧桑的老人在驻足远望。壶上用堆花手法点缀几朵梅花，又使壶充满了希望。壶身两侧是壶嘴和壶把，貌似梅花枝干的断节，真实而自然。

由于陈鸣远的作品出神入化，名震一时，故仿品、赝品大量出现。当代大师顾景舟说，从少年习艺，直至暮年，半个多世纪中他也只见到几件真品，收藏家要特别小心，以防走眼。

△ **陈鸣远作品**

△ **鸣远款朱泥笠帽壶　清中期**

长8.8厘米

4 | 陈鸿寿：书画与壶艺之结合的代表

陈鸿寿，字子恭，号曼生，又号老曼、夹谷亭长、胥溪渔隐、恭寿、曼公、曼龚、种榆仙客、种榆道人和翼庵，清乾隆至嘉庆年间人。

陈鸿寿是“西泠八家”之一，是清代中期的著名书画家、篆刻家。他在艺术上主张创新，倡导“诗文书画，不必十分到家”，但必须要见“天趣”。他把这一艺术主张付诸紫砂陶艺。

嘉庆十七年（1812）前后，陈鸿寿任溧阳县县令。他喜爱茗壶，曾绘图稿十八式，由杨彭年等制壶，然后由他及幕僚铭刻书画，使造型、文学、绘画和篆刻熔于一炉，世称“曼生壶”。

陈鸿寿加入紫砂壶设计制作过程，使集书法、绘画、工艺为一体的紫砂壶刚刚问世，就赢得社会的肯定。

陈鸿寿与杨彭年的合作，堪称典范。杨彭年，字二泉，号大鹏，清嘉庆至道光年间人。他善制茗壶，其壶有的浑朴雅致，有的精巧玲珑，且善配泥色。其作品型制十分丰富，世称“彭年壶”。杨彭年首创捏嘴新工艺。《前尘梦影录》描写了他捏嘴不用模子的情况，虽随意制成，亦有天然之致。

现在我们见到的嘉庆年间制作的紫砂壶，壶把、壶底有“彭年”二字印或“阿曼陀室”印的，都是由陈鸿寿设计、杨彭年制作的，后人称之为“曼生壶”。由此“字依壶传，壶随字贵”，相得益彰。

该壶最明显的特征是简练而典雅，其造型多取材于古井、竹节、斗笠等，寄托了文人的雅趣。

“曼生壶”造型有石铫、横云、井栏、合欢、却月、半瓦、镜瓦、匏瓜、合斗等式，历来为鉴赏家所珍藏。上海博物馆所藏的一件钟式壶（瓦当壶）就是其典型的作品。

陈鸿寿的第一大贡献，是把诗文书画与紫砂壶陶艺结合起来，在壶上用竹刀题写诗文，雕刻绘画。第二大贡献是他凭着天赋，随心所欲地即兴设计了诸多新奇款式的紫砂壶，为紫砂壶创新带来了勃勃生机。

陈鸿寿使紫砂陶艺更加文人化，制作技术虽不如明代中期精妙，但对后世影响很大，特别是“曼生壶”，成为中国紫砂壶制作历史中的又一个里程碑。

△ 邵大亨仿古 清代

5 邵大亨：一壶千金难求

邵大亨（1796－1850），活跃于清嘉庆、道光年间，宜兴上袁村人，是紫砂壶史上一代制壶大家。

邵大亨年少就享有盛名，杨彭年以精巧取胜，而邵大亨则以浑朴见长，简洁庄重，气度不凡。德钟壶式是邵大亨的代表作，器形端庄稳重，比例协调，结构严谨，乃经典壶式之一。壶的泥质呈板栗色，纯正紫润。通身手感极佳，触之如婴儿肌肤。

△ 邵大亨制掇球壶 清嘉庆/清道光

高11.8厘米，宽16厘米

邵大亨的传世作品有“一捆竹”“鱼化龙”“掇球”“风卷葵”等名色，皆砂壶精品。他创造了鱼化龙壶，此壶的特点是龙头在倾壶倒茶时能自动伸缩，堪称鬼斧神工。

大亨不仅壶艺出众，技法超群，品格也高人一等。他所做的茶壶，意气相投者，免费赠送，语不投机者千金难求。历史上有一个大亨救侍女的故事流传。苏州有一巡抚想尽办法才觅得一只“大亨”壶，倍加珍惜。一年中秋，巡抚乘船出城赏月，一名侍女端盘献茶，浪打船身上下摇动，侍女摔倒在地，“大亨”壶也应声而碎。巡抚暴怒，令手下人把侍女吊起来，施以鞭刑。正好邵大亨与友人泊船在近处赏月，听见动静后，发声制止暴打侍女行为，为平息巡抚怒火，叫巡抚过船来看壶。巡抚过来一看，有16把大亨壶罗列在桌上，件件精品。邵大亨对巡抚说，只要宽恕侍女，免费赠送给巡抚16把壶中的一件。巡抚大喜，选中一件壶而去。巡抚一走，邵大亨将余下的15把壶统统砸碎，叹道：“为了我的壶，竟有人玩物丧‘命’，再不做壶了。”

邵大亨壮年时死于乱世，所以留存世间的茗壶寥寥无几。清代，他所造的紫砂壶已被嗜茶者和藏家视为珍宝，“一壶千金，几不可得”。

6 | 顾景舟：近现代的壶艺泰斗

民国的紫砂壶大不如清朝，但这一时期有一位大师不能不提，他就是近现代的紫砂制作大师顾景舟，被誉为“百代壶公第一流，愿留指爪踏雪泥”。

顾景舟生来和紫砂壶有缘，他生于紫砂壶的故乡江苏宜兴，18岁从祖母学艺。凭借极高的悟性和对紫砂深深的热爱，一年后已在行业内崭露头角，小有名气。

在20世纪40年代，顾景舟来到上海，仿制明代时大彬、清代陈鸣远等人的紫砂名作。正是在仿制中，他的技艺突飞猛进，其中一些仿品的艺术价值甚至超过了原作，并被许多博物馆收藏。

在上海，顾景舟通过铁画轩第二代传人戴相民的介绍，结识了一批在上海有影响的书画家，如江寒汀、吴湖帆、来楚生、谢稚柳等人，制作了一批石瓢壶。

至今仍有石瓢壶流传于世，为顾景舟制，吴湖帆、江寒汀画，并由顾景舟亲自镌刻。相传同式共做了五把，分送五人。可惜，如今人们只能见到其中三把。

△ **顾景舟高井栏紫砂壶　民国**

高6.8厘米

从早年的仿制，到中年的自创，直至晚年的改变，顾景舟总结一生的经历，认为壶艺创作要兼有形、神、气三点，并强调“如果没有轮廓、线条、体积、比例的学问，没有基本功扎实而又灵巧的双手，再强烈的感情也是瘫痪的”。从他现存的一些作品中，我们可以品出这位一代宗师的风格。

1956年，中央工艺美术学院教授高庄与顾景舟结交，他们以紫砂陶优异土质及适用功能，精心合作设计了提璧壶。顾景舟为此专制工具，使其壶独具匠心：壶坯轮廓造型端庄周正，结构严谨，比例和谐匀称，线面简洁明快，节奏变化合度。

提璧壶气质健伟，色泽紫中泛红，深沉朴茂。此壶完美地阐释了顾景舟的艺术观念，是现代紫砂壶中的极品。

紫砂壶艺的社会影响自抗日战争开始没落，直到新中国成立，一直处于低潮。

△ **顾景舟制“座有兰言”仿鼓壶　近代**

长17.5厘米

顾景舟（1915—1996），原名景洲。别称：曼希、瘦萍、武陵逸人、荆南山樵。自号壶叟、老萍。宜兴紫砂名艺人，中国美术家协会会员，中国工艺美术大师。

△ **顾景舟制紫泥石瓢壶　当代**

宽16厘米

第三章

紫砂壶的鉴别

△ **朱泥宝珠壶　清乾隆**

宽12.8厘米

△ **紫泥宫灯壶　清乾隆**

紫砂壶，从明代兴盛至今历时数百年，其文化内涵和特定的手工艺术越来越得到收藏界认可，名家的壶更是千金难求。紫砂壶的收藏投资热始于20世纪80年代，当时港台一些藏家大量购藏，使得市场价格直线上涨，但在80年代末逐渐回落。近几年来，紫砂壶行情再次走俏，壶市场收藏价值每年以20%的速度增长。至2011年，紫砂壶拍卖数次创出千万元以上的“天价”，如顾景舟与韩美林合作的提梁盘壶成交价达到1150万元；顾景舟与魏紫熙合作的矮井栏壶，以1035万元成交。之后紫砂行情虽然有些回落，但依然在拍卖市场中价格不菲，如嘉德2013年春拍中，顾景舟与韩美林合作的“此乐提梁壶”成交价也超过800万。

高利润带来了紫砂壶的赝品纷纷出现，新壶老款、老壶改款，甚至是通过电脑翻砂造款等手段都时有出现，不少藏友交了学费。

所以，投资紫砂壶最需要提防的是伪品，因为紫砂壶的颜色深沉，新品很易冒充旧品，反而旧品品相好者，又易于被当成新品。有很多紫砂壶底款刻上乾隆年制或康熙年制，使初入道者上当受骗。

◁ **瑞德堂款紫泥笠帽壶　清乾隆**

宽18.2厘米

一　紫砂壶赝品流行

这里先从专家鉴宝开始说起。一个专家曾看了三把名家紫砂壶，分别是李碧芳、何道洪和时大彬款，但这三把壶均为赝品，且制造工艺一般。

杭州梅家坞一收藏者说，他的藏品是壶艺名家李碧芳制的，正常价格3万元左右，但他只花3000元就买了一把，自以为在杭州收藏品市场拣了漏。

卖壶的人有印有李碧芳照片和签名的制壶证书，并自称是宜兴人，壶是直接从李碧芳家低价收购的。收藏者相信了“讲故事”。

遗憾的是，专家从工艺水平和壶形上，一眼就认定这是一件仿品。

萧山一个藏家收藏有何道洪和时大彬款的两把壶。藏家说，何道洪的壶是三四年前买的，从一个朋友处转让而来，泥料很好，款识也很清晰，花了4600元。时大彬的较贵，花了2万多元。时大彬的壶来自杭州一个古玩店，尽管壶盖有缺损，但讨价还价的余地不多，所以价格不低。

而专家鉴定的结论让萧山藏家大吃一惊：“这两把壶均为赝品。此壶泥料虽好，但壶嘴却成斜坡状。”专家指着何道红壶说，“名家对自己的作品要求一般都很高，壶嘴该是平的，何道洪不会犯这么低级的错误。”

△ 邵友兰制掇球壶　清嘉庆/清道光

高12.6厘米，宽17.5厘米

明末清初制壶大师时大彬的大彬壶市价至少要35万元一把，而萧山藏家收藏的所谓时大彬壶泛黄，手感很涩，是仿品。

这把壶虽然壶盖上茶渍斑驳，壶内有深厚的茶垢，壶嘴、壶身还镶有银环，壶把刻有“大彬”字样，表面有古壶模样，但工艺水平很低，失误处不少。

“壶把壶嘴都不成直线，不可能是出自制壶大师之手。”这是专家的结论。

据专家鉴定，上述三把赝品紫砂壶市场参考价都不到300元。

△ **紫泥诗文莲子壶　清道光**

高15厘米

二 紫砂壶鉴定的内容

紫砂收藏是民间珍藏的大项，其珍藏与投资古已有之。进入20世纪70年代末期，紫砂壶的投资价值受到了人们的青睐，其市场价格也不断上涨，但随之而来的是仿制品也大量出现。

曾有一位马来西亚的紫砂收藏家，家中紫砂收藏品近千件，但其中真正的艺术品也就几十件而已。所以，收藏投资紫砂壶，避免失误的首要问题是懂得鉴定。

紫砂壶的鉴定包括以下三个方面的内容。

1 断代

看壶要从形与质上推断年代。不同时代的产品和生活用品都有其时代特征，紫砂壶的形状、款识、泥质和技艺等，在每个时期都有不同的特点，可以从一些重要特征入手进行鉴别。

如早期紫砂壶以实用为主，装饰为次，故其壶形拙朴大方，略无花巧，茶壶出水处常为单孔。

随着紫砂壶装饰作用的增强，壶形日趋文巧。如早期明显多夹粗砂，清以后夹砂日细，壶表也日益细腻，从这些特征可推断藏品的相对年代。

△ **汉铎式壶　清晚期**
高13.7厘米

民国以前的壶，在泥料中一般不会添加氧化剂，因此壶色都是自然形成的。如果藏友看到壶色是墨绿色等别样颜色，但卖家又号称是明清时代的老壶，那就基本不可信了。因为墨绿色是在紫泥中加入氧化钴烧制而成，而这种技术在明清时期是不可能达到的。

2 | 识别制作者

主要通过制作者标示的署款来识别，其署名特点至关重要。

3 | 辨伪

这方面的专业要求非常高，不仅要知道断代和分辨作者，还要掌握各个名家的制作特点、款识格式和擅长技艺，尤其对早期紫砂壶，其辨别难度更高，稍不留神或行道不深，就极容易看走眼。

△ **老紫砂壶作品　上海博物馆藏**

如今，假冒藏品漫天飞，所以购买时注意假冒之作尤其重要。有些摊贩，在紫砂壶表面上涂蜡或鞋油以及采用其他制假手段，以次充好，以假乱真，貌似古雅，实则欺骗，应特别注意鉴别。

古紫砂壶不仅有很高的鉴赏价值和工艺价值，而且也有很高的经济价值。因此，假冒古董紫砂壶屡见不鲜。必须掌握一些基本的鉴别方法，选购时才不致上当。紫砂壶鉴别中，亮色、泥质、款识、声音等是主要鉴别依据。

◁ 紫泥诗文古莲子壶　清道光

高13.3厘米

三 新壶做旧的方法

了解新壶作旧的方法，有助于收藏者在收藏活动中更准确地鉴别伪品。新壶作旧一般有新壶刻老款、老壶改款、人造包浆三种方法。

1 新壶刻老款

用一把新壶改刻成明代名家如徐士衡、元畅、欧正春，清代名家陈鸿寿、陈鸣远等人的款。也有在新壶烧制前就直接将这些名家款加盖的。

2 老壶改款

用没有款识或非名家款的旧壶，冒刻前代名人的款识。这样的作伪法需要较高工艺，制假者一般更加追求其精美程度，欺骗性高——壶是老壶，而款是新款。

3 | 人造包浆

只要是古壶，就会因使用时间较长，器物表面会形成光滑亮感，这就是俗称的包浆。为了使新壶出现这种包浆，造假者一般会将泥料的表面擦鞋油或用强酸腐蚀作旧，还有的则将紫砂壶涂上白水泥，用水泡仿制出土器物。此外还出现过真底假身或残品补全等仿品。

紫砂壶的选泥、制作成壶坯等关键工序都是用手工操作的，因而制作十分精细。陶坯一般多不上釉，只是在陶坯成型后，用粉质颜料加填在壶面印刻的书画诗文图案轮廓中。这种自然本色和着色方式是紫砂陶壶的一个显著特点。新壶作旧的方法无论多么高超，都不可避免露出马脚。

△ **日月星辰　朱泥、绿泥和紫泥　丁淑萍作品**

为《日、月、星、辰》组壶之四。表现了晚上的景色，夜幕降临，夜色笼罩大地，一轮弯月挂在天边，天空中繁星点点。用云朵衬托整个茶壶，感觉飘飘然远离了大地，夜空中一片寂静，只有星星在闪烁，仿佛要为世人实现每一个愿望……人们总希望把自己的愿望寄托于流星。

四 泥料的鉴定

很多人以为用火柴划紫砂壶能划出火就是真的年代久远的紫砂壶，其实这是一个误区。事实上，越古老的紫砂壶越是擦不出火花，反而是刚出窑的，由于还残留一些矿物质，才能擦出火花。

从泥料胎土可以观察色相、颗粒度及光泽肌理。不同年代的不同矿脉各有特点，清代后期的天青泥就与历代泥料不同。

从原料上来讲，目前的紫砂壶只有少量使用的是真正的紫砂泥料，大部分是类紫砂泥的陶土，区分真正的紫砂泥和类紫砂泥的陶土的方法如下。

1 听声音

紫砂与瓷器不同，不用专门上釉，烧结后表面就会自然形成有附着感的“泥门”浆体表皮，不漏水但透气，声音传导没有瓷器那么清脆，但也不闷，而类紫砂陶土发闷。

紫泥关键不在于有氧化铁，而在于紫砂的“砂”字。紫砂泥的分子与其他泥不同，同样的紫砂泥其结构也不尽相同，所以鉴定和评价一把紫砂壶的真伪优劣，首先可以从紫砂泥质入手。

2 看密度

密度不同导致同样体积的紫砂壶重量不同。矿物中各种氧化物和蛋白质的含量不同导致烧制的紫砂密度不同。类紫砂泥的陶土较重，而真正的紫砂泥烧造后内壁结构中会形成团聚体，有气泡，所以密度稍小，上手稍轻。

3 | 看质感

真正的紫砂泥烧成的紫砂壶犹如豆沙一样，再精细的紫砂看起来仍有半悬浮状的颗粒感，摸上去也不会太光滑，但也不会扎手，类紫砂泥的陶土摸起来有涩感，而掺了化学原料的又过于光滑。

紫砂器泥料含有颗粒状粗砂，明代紫砂泥的目数为25目～30目，清中期为55目～60目，近现代为100目～120目。目数低则颗粒粗，孔隙度大，用手弹击，其声音嘶哑、发闷。

△ 半瓜壶　高建强作品

△ 仿古如意壶　高建强作品

△ 仿古壶　红泥　范建中作品

◁ 云龙壶　朱泥　高群作品

五 工艺的鉴定

从制作工艺上来说，如今的紫砂壶可分为手工壶、半手工壶、手拉坯壶、灌浆壶。

手工壶也就是前文所讲的用传统工艺“打身筒”“镶身筒”成型技法制作而成的壶，所制的壶具有唯一性，市场价值最高，这里不再赘述。

半手工壶是模具与手工两者相结合方式制作。半手工壶有两种成型方式：一种是壶嘴、壶把、壶盖等用手工制作，身筒用模具制作，这种方式占主流；另一种是身筒用手工制作，壶嘴、壶把、壶盖用模具来制作。半手工壶其实也属于手工壶一类，有些紫砂壶必须用到模具，全手工无法成型，如鱼化龙壶。只要模具用的好，用的妙，其制作出来的壶艺术价值也非常高。如壶艺大师顾景舟就是一位擅长用模型的高手，可以令模具成型部分与手工成型部分浑然天成。

手拉坯壶属于机器壶。机械操作，下面装一个马达，上面是一个圆盘。把泥料放在圆盘上，打开马达开关，马达旋转起来，运用惯性离心力的原理，用手拉出一个壶型来。拉出来后切下，放置晾干，再配上壶嘴、壶把，装成一把茶壶，放置晾干后再喷浆、烧制，即成。强调一点，手拉坯壶不属于紫砂成型工艺。手拉胚壶可以批量生产，一个成熟的工人一天可以拉200个～300个。

灌浆壶也叫注浆壶，是将泥料放在球筒里面打48小时，就变成很细的泥浆，然后再把浆灌到模具里面，等1分钟～2分钟拿出来，晾干，然后加工成茶壶即成。灌浆壶同手拉坯壶一样，也不属于紫砂成型工艺同，成壶效率比手拉坯壶更高，一个工人一天可以灌300个～500个。

如今，市面上充斥着许多手拉坯壶、灌浆壶，它们以假乱真，冒充真正的紫砂壶骗取消费者的信任。鉴定手工壶、灌浆壶、拉坯壶，对紫砂壶收藏爱好者来说十分重要。应从以下几点入手。

△ **北瓜提梁　周桂珍**

高17.5厘米

1 | 看壶的整体感觉

手工壶仔细看不是特别规整（毕竟是手工制作的），这反而给人一种自然的感觉；而灌浆壶、手拉坯壶给人的总体感觉是很规整，身筒外观左右边比较均匀对称。从审美角度讲，著名大师制作的全手工壶蕴含着一种自然神韵，而灌浆壶、拉坯壶多显呆板。

2 | 看壶底和壶壁结合处

纯手工紫砂壶的底和壁是分开进行，然后粘接起来，虽然经过刮片处理，但成品壶依然在壶底会留有一圈明显的镶嵌痕迹。灌浆壶是用模具做出来的，手拉坯壶是壶拉坯成型后，底用刀直接切下来的，故这两种壶的壶壁与壶底衔接处没有明显的镶嵌痕迹。

辨别壶底痕迹，拿壶到光线下照射，观察泥脂表面不同的反光即知。

3 | 看身筒内的纹理

手拉坯壶是利用机械离心力原理制成，壶的内壁会产生螺状条纹纹理；手工壶和灌浆壶没有这种纹理。

灌浆壶的内壁多光滑，看不到一点沙粒，就是壶内有凸起或凹下去的地方，其过度处理也是圆滑的。手工壶因为是拍打而成，壶内壁类似有

△ **葵仿古壶　紫泥　范建中作品**

△ **吉方壶　底漕清泥　450毫升　王国祥作品**

荣获中国紫砂精品展金奖及中国工艺美术2002华艺杯铜奖

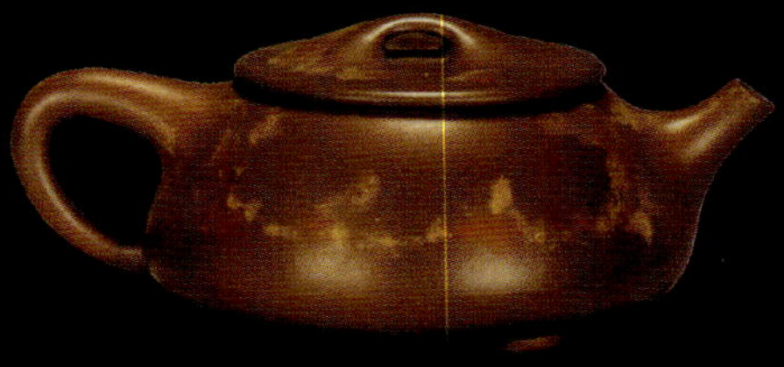

△ **纹泥石瓢　徐达明**

高6厘米

手机磨砂感，反光也不明显，多为哑光；特别是不容易处理到的地方，甚至留有拍打所形成的印记。

4 | 看内壁印章

手工壶的内壁印章是打泥片时盖上去的，印章随着泥片打拍打弯曲而逐步弯曲；而仿手工壶的内壁印章多数是中间浅，周围深，也有一些内壁印章是弯曲的，但其弧度无法与壶身的弧度吻合，显得比较生硬。

5 | 看壶嘴到壶把中间处

灌浆壶从壶嘴到壶把处，会发现一条细细的痕迹，或用手摸也可以感觉到有一条线。这是模具留下的痕迹，胎里带的，没有办法消除。而手工壶、手拉坯壶没有这种痕迹。

6 | 看泥料成分

真正的手工紫砂壶，其泥砂是纯正的紫砂泥。

手拉坯壶不能使用纯正的紫砂泥。因为纯正的紫砂在机器离心过程中，承受不了离心力，往往会拉破，因此手拉胚中一定要加入一定量的高岭土（高岭土是做瓷器用的瓷土），以助壶塑形。

灌浆壶所用泥料目数细，无颗粒成分，还掺有较多的玻璃水。

△ 汉金壶　朱泥　180毫升　王国祥作品

△ 润泉　顾绍培
高9.5厘米

△ 万象更新壶　孔春华作品

7 | 看价格

好货不便宜。手工制作的一把紫砂壶至少要半个月的时间，手拉坯壶、灌浆壶一天可以制作数个。加之从艺术性角度考虑，手工紫砂壶的价格少则是机器壶的数倍，多则数十倍。

市场上，手工壶一般不会低于500元；如果看到价格特别便宜，又号称是全手工制作的，那么就要特别小心了。

另外，紫砂壶的出水孔有独孔、网孔和球孔三种，这也是工艺鉴定的内容之一。经验丰富的藏家可凭紫砂壶里的出水孔来辨别年代。在清末民国初期多盛行独孔，“文化大革命”时期的壶基本是球孔，而现代的紫砂壶一般为多孔。

△ **剔红饕餮夔龙纹紫砂胎茶壶　清乾隆**

高10.5厘米，宽17厘米

◁ 银箱壶　400毫升　孔小明银奖作品

六 器形的鉴定

紫砂器的各个发展阶段，都有其时代的烙印和标志，分清造型年代，是鉴定紫砂壶真伪的必修课。

1 | 器形鉴定的三大好处

一是紫砂壶器形是紫砂壶最显像的一个特征，便于紫砂入门者识记。

二是掌握紫砂壶的器形的过程，就是一个掌握紫砂发展历程的过程，帮助紫砂爱好者对紫砂发展趋势形成一个初步的印象。

三是不同的器形有不同代表者，有助于现代人快速判别当今紫砂壶名家中哪些有成名潜力，便于紫砂壶的收藏投资。

2 认识紫砂壶器形的历史演变

砂壶的造型，一般分为筋纹形期（明正德—清康熙）、自然形期（清康熙—乾隆）和几何形期（清嘉庆—道光）等几类。概括归纳有以下的主要特征。

明代是筋纹形期，堪称宜兴紫砂壶的全盛时期，比较注重器形，紫砂器的造型高雅朴拙，器物较少有装饰，故以素朴为主。名家如陈鸣远等人，施展了高超的炼泥技巧，其胎质呈现石英效果。这段时期的制造过程大都采用泥片镶接法。

△ 南瓜壶　陈国良

清代前期，紫砂器的造型丰富奇特，注重器物的装饰，加彩、堆雕等异彩纷呈。乾嘉年间壶的款识和格调有了改变，这个时期的作品多半出自文人雅士的设计，再交由名家制造，其最大的特色是题文雕画增加了壶的艺术气息。名家字画的参与，往往使得文书刻饰的价值、气魄都凌驾于工艺师之上。

清代后期，紫砂器的造型趋向简化，多取平面，注重雕刻诗词书画，器物的文人化很浓。清末民初，宜兴壶毫光再现，但名家仿古风气盛行，假货亦为佳作，造成真假难辨之状。收藏投资者对此须慎察之。

3 从器形风格辨作者

相同的紫砂壶器形，因为制作者不同，壶体现出来的气韵、风格也不相同。这就为后人辨别器物出自何人之手提供途径。

例如，传统壶型鱼化龙，民国的唐树芷所制小鱼化龙形体小巧，壶钮为卷云状，壶身浅塑波浪，波浪中龙头伸出，龙尾卷成壶把；清代邵大享鱼化龙的钮为堆浪状，龙头在盖部，短而粗，不见爪，整个壶为波浪堆叠而成，立体感极强；而黄玉麟所制鱼化龙，波浪立体感不强，钮作卷云形，装在盖内的龙头细而偏小。

各个时代对美的感受和形式要求均有不同的标准，即使是同一师傅传授的工艺手法，也会有不同的风格。所以，单就造型风格而言，不同的壶，其整体的比例，嘴、把、钮的制作都存在着不同程度的差异，这些也正是进行造型鉴定时的依据。

△ 清影壶　王福君作品

◁ **斗方铺砂壶**

▷ **特大双线竹鼓壶　朱可心作品**

◁ **恭贺新禧壶**

长17厘米，宽9.1厘米

七 光泽的鉴定

流传至今的真正的旧紫砂器不多，完美而又古朴雅拙的紫砂珍罕品更难得到。旧的若属真，旧紫砂器往往器表有一层自然的光泽，因此从表面光泽判断，是鉴定的重要方法之一。

1 明清紫砂壶的光泽特点

清代的紫砂壶因长期泡茶，胎色幽暗，器表有一种深沉内敛的光泽，收藏界称为“包浆”或“宝光”。现代人仿造的用鞋油等作旧，懂紫砂壶的收藏家一看就知道是假的。

假品色黄，性糟，有亮者少，无亮者多，即使有亮，也是用蜡所烫。所以辨别真伪要把握真品体重、色紫的特点，还要把握其光泽亮润的特点。

紫砂壶使用年代越久，经人手抚摩后越显出其古雅光亮。真正的紫砂壶因为长期为人手抚摩，上面呈现出油润的光亮。这是由久经把玩，慢慢地透出来的温润光泽，被称为精光内蕴。

明代的紫砂壶表面无光泽度，因为多为墓葬出土，胎体吸收了地下水的湿气，表面失光。1965年南京中华门外明司礼太监吴经墓出土的壶，是目前有纪年可考的最早的紫砂壶，是采用制大缸大瓮的泥料略加以澄炼制成的。由于可能与缸盆同窑烧造，所以明代紫砂壶表面常沾有釉斑。

2 新旧紫砂壶的光泽特点

凡名手所制之壶而能留传至今的，定为当时及后人所珍爱，早晚把玩，火气早已脱尽，其壶表必定润泽可爱。

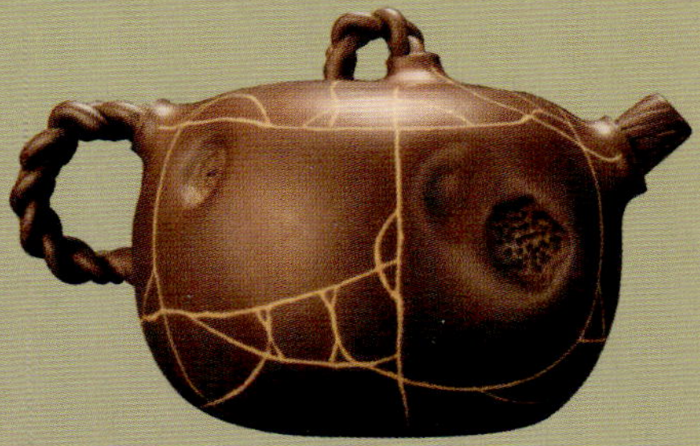

△ 冰片掇球壶　吴鸣作品

△ 掇球壶　王国祥作品

△ 圆珠提梁壶

高16厘米，宽11厘米

△ 金色田野壶

△ 扁腹壶　清代

长17厘米，宽10厘米

△ 朱泥小壶　清代

高7.2厘米，宽5.5厘米

△ **上合桃壶**

长20厘米，宽8.6厘米

△ **松桩壶**

长17厘米，宽8.3厘米

△ **德钟壶　丁淑萍作品**

△ **莲韵壶　原矿底漕清泥　丁淑萍作品**

△ **系三友壶**

长16.5厘米

△ **冰纹秦权壶**

长14.5厘米

△ **紫砂太极鼓壶　清道光**

高9厘米

△ **清风壶　红泥　350毫升　鲁文琴作品**

全手工制壶，竹叶生动似箭，做工干净利落，以竹为题，品茗赏竹，清风徐徐。

△ **竹根茶具　谢曼伦**

壶高9.5厘米，杯高3.5厘米

△ **四美　许艳春**

而新制品，火气极重，一般质地较疏松，颜色偏黄，有光亮的少。即使有光亮，也是用白蜡打磨上去的。以涂蜡来增加光泽的伪品，用指甲一刮便可辨别。

所以，新器造旧，绝无精光内蕴的特点，分辨新与旧时，要特别谨防新器造旧术的欺骗，切勿只重器表而忽视了其内在的素质。

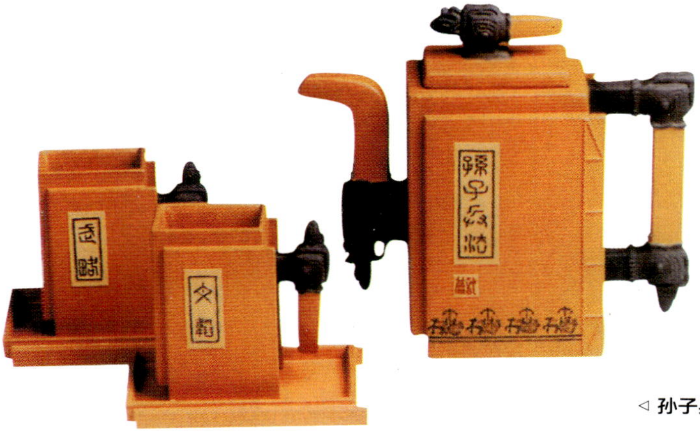

◁ 孙子兵法茶具　现代

八 款铭的鉴定

紫砂壶具有传统的“诗、书、画、印”四位一体的显著特点，所以鉴别一把紫砂壶除了看泥色、造型、制作的功夫外，还有金石印款等方面的内容。

鉴赏紫砂壶款有两层意思：一是鉴别壶的优劣，壶的制作者、题词、镌铭的作者是谁；二是欣赏紫砂壶面上题词内容，镌刻的书画内涵和印款。鉴定紫砂壶的款，正是建立在鉴赏水平的基础上。

真伪之鉴，首先从看印款开始。一件精湛的紫砂壶艺作品，是创作者艺术价值和身价的象征，同时也代表着作品的经济价值。历来制壶高手和名家与现代工艺美术师们对钤印款识都十分讲究，用款钤印也涉及制作者的艺术素养，壶外功夫可见一斑。

1 | 款铭辨伪的窍门

紫砂器题铭，据现有资料最早见于供春壶把下刻“供春”二字，其后盛行。在紫砂器的发展过程中，许多陶艺大师的款铭风格亦不相同，鉴别时，应当明察秋毫。制砂者署名、制名，是在明清之际才出现的，因此，明早期出现款铭，基本可断定是赝品。

看款铭是最直截了当的鉴别方法。明清名家制壶，壶底多有款铭。因此，必须对明清大家的名、字、号及其惯用的款式、字体熟悉铭记，以便鉴别时有所依据。

例如，当时的书画家和制壶大师时大彬、李仲芳、徐友泉、陈曼生等，在款铭上必须能对上号。没有款铭或款式不符，即属可疑。即使为真品，其价值也会大打折扣。

大部分工艺美术家及先辈所用的印款篆刻均出自金石高手之作。一枚印款本身就是一件艺术精品，一般假冒者、伪作者在作款上很难入真，具有一定金石艺术修养的鉴赏收藏家不难判别真伪。

同时刻两枚精美的金石印款，即使刻篆于同一款式，也不能达到金石刀痕完全一致的地步。对壶的鉴定往往较难，但从印款鉴定着眼，往往能起到事半功倍的效果。

紫砂印款大部分是阴刻，通常刻于壶底，还有盖、鋬之上，金石刀迹暴露无遗。鉴赏和收藏者只要细心琢磨，就可以发现钤印款式的真伪。有些伪拓印款就更容易从印款外形、尺寸、烧成收缩率中计算出拓印真伪。

印款钤压，每一个制作者有各自的偏好和习惯，这也只能意会，很难言传。但鉴赏家和收藏家对每位大师、工艺美术师制作的作品进行专题研究，就能找到共性的经验。一件真正精美的作品，每一个作者都会赋予特有的、不大容易被人发现的记号，这些记号只有原制作者和经验丰富的收藏家能判别出来。

说到印款，顺便也可以将题字一并介绍。真正流行在器上镌刻诗词的，始于清代后期的陈曼生，以后蔚然成风。所以在清中期以前题字的壶，都可以视为赝品。

当代紫砂壶艺有一种新时尚，制作者往往亲自铭刻一些斋室名号，制作纪年及壶名编号。这些壶的铭刻虽不属金石篆刻作品，但也能给收藏者和鉴赏者提供了一个比较科学的真伪鉴别的实用依据。

◁ 掇禄壶　250毫升　王福君作品

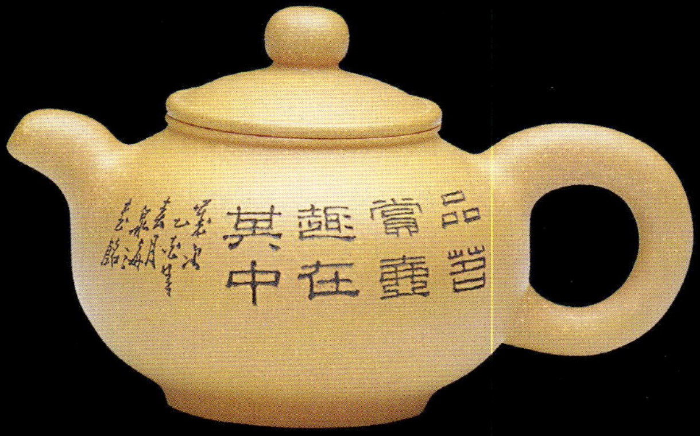

2 | 老壶改款铭的辨识

对于老壶改款铭的辨识，有规律可循。旧壶的款都是用阳文，且字体极为工整。新烧紫砂壶的阳文因为字体为模仿，会略显呆板，或笔画长短粗细不一。如果是用旧壶加刻新款，则所刻文字为阴文。

要说明的是，尽管印章款识是判断真假的一个重要因素，但随着电脑技术在紫砂上的使用，现代造假技术可以以假乱真，所以以落款作为鉴别的方法也只能是作参考，初学者对即使是看来完全一样的印章款识也不可全信，而要综合鉴定，更多地要看泥质、手工程度、造型和工艺水平。从细节上，孔型数、泥质细腻度、模具痕迹等方面，综合判断真假。

对于壶艺收藏爱好者，要想真正收藏一件上好的紫砂艺术精品，最好的方法是从制作者手中直接定制。真正的紫砂工艺美术家手中的作品，是最可靠的高水准作品，具有艺术术价值和经济价值的保障。

△ **小井栏 清代**
高8.5厘米，宽6厘米

九 拼凑伪品的鉴定

明清紫砂壶保存至今，实属不易，大都不甚完美，或有残损崩裂，于是出现了各种修补拼凑术，如：用蜡补缺黏合后，再涂泥作色；以陶泥仿制，拼合后，再作旧；加彩紫砂褪色，以颜料添补；器物残损，以金属片镶包，或以玉等嵌替等。

听声音可以对一把壶是否做过修补作出最准确的判断。可以用硬物分别划过器物边沿、凸起部分，如果没有修补，则声音、亮度、清晰度一致，否则即为残品补全。当然，这一鉴定方法有一定风险，划器物边沿时一定要小心谨慎，用力适当，以免划伤壶体。

鉴定时，只要留心并细致查看，就会发现修补拼凑的痕迹，而且虚位很多。因为经过修补、拼凑、调色后的紫砂器，其形制、色调、质地与真器皆不可能完全相同，所以总有一些差异，并或多或少地丧失了原作的风貌和特征。

◁ **紫泥拼砂汲直壶　清代**
高17厘米

十
气质神韵的鉴定

气质神韵也是鉴定真假很重要的标准。名家之作，由于其独具高超的艺术素养和熟练的专业技巧，以及对泥料性能的深入了解和窑温的把握，故其佳作自有一股不可模仿的神韵。

尤其是名家精品，大多自然大方，浑朴、精巧，无做作之气。仿品伪品大多线条拘谨，毫无生气。

掌握古壶特征和气质神韵是鉴别真假的基础。紫砂壶的气质神韵可以从质、形、文三个方面来看。越早的作品，砂质感越重，年代越近的作品，梨皮砂质感越是减少，外观越是细腻滑润。

△ **刻花鼓形锡套壶　清末**

通高8厘米，口径4.4厘米，底径8.7厘米

△ **润玉　陈国良**

高8厘米

古壶质地粗而不劣，形制古拙而不失规整，光泽滋润而不轻浮，手感厚重舒适，款铭工整而不古板。早年烧造的紫砂壶气质温厚，手扣声音较浊，无火气感；现代烧造的材质坚致，手扣声音清越，有一种火气感。

有一些在壶身镌刻有诗文图画者，也多为当时名手所作，布局自然合理，刀法简练精确，非俗手所能效仿。因此，紫砂壶工艺并非简单的烧陶工艺，而是融合了陶艺、书画、造型、篆刻等古文化结晶的综合性工艺品，这些共同形成了紫砂壶的气质神韵。

气质神韵还要从装饰角度看，题材不能超前，制壶艺术家的风格要真实，技艺要有独到之处。这才是名家壶。

△ **福星高照壶　清水泥　500毫升　孔春华作品**

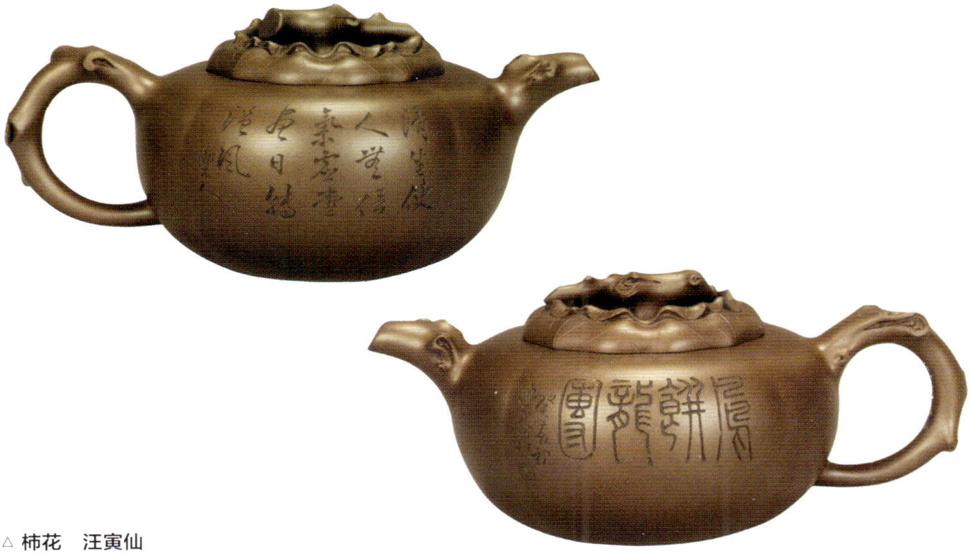

△ 柿花　汪寅仙

△ 大井栏壶　吴群祥

△ **碧壶　刘建平**

十一 名家仿品另当别论

高价格吸引了大量仿制者，其中大多是唯利是图的仿制者。

但在仿制者中，有一批特殊的仿制者，他们和画家一样，名家仿前代大师，有些大师级的制壶名家也仿制先前的名师作品。如顾景舟就仿造过陈鸣远的精品“龙把凤嘴壶”，王寅春仿制过时大彬、徐友泉等的作品。

名家仿早期名家不一定就是唯利是图，往往是他们要学习名家达到名家所为。这些名家仿品现在也有极高的收藏价值。

最后要说明的是，鉴定紫砂壶对于专家来说并不难，98%的真伪判断都可以在瞬间完成，但对于非专业人士来说，几乎是不可能完成的任务。因此，对于大多数非专业收藏者而言，挑选可靠的购买渠道比鉴定作品更重要。

本章的紫砂壶图片均非仿品和赝品，皆为紫砂壶艺术家的手工原作。

△ 秋临壶　张正中

△ 毓秀壶　鲁文琴作品

△ 寿桃壶特大壶　高群作品

△ **旭日东升套壶　朱泥、绿泥和紫泥　丁淑萍作品**

旭日东升壶表现了太阳升出海平面时的壮观景象，朱泥壶身为太阳，绿泥壶托为大海。太阳在海浪中徐徐升起，两只白色海鸥在天空中自由翱翔，飞向太阳，构成了一幅美丽的日出图。

旭日东升壶为《日、月、星、辰》组壶之一，该组壶是以自然现象“日、月、星、辰”为题材，设计创作了一组壶，表现了自然界一周天的景象，作者以别出心裁的款样、优质泥料和精细的微雕，巧妙设计出这一组主题突出的精品，犹如恢宏的交响乐，叙事中充满诗意。

《日、月、星、辰》组壶曾荣获第三届中国十大紫砂茗壶银奖。

△ **追月壶　高海庚**

第四章 紫砂壶的投资

紫砂壶已成热门投资品，很多投资者已将紫砂壶作为投资工具。紫砂壶中名家名品的价值在茶文化、陶文化、中国书画艺术文化的碰撞、交融之中不断攀升，以其浓郁的文化品位、深蕴的传统精神和精美的工艺，吸引中外收藏家和艺术家的同时，也吸引了企业界和白领层的投资者。

紫砂壶成为拍卖场上的亮点的同时，也成了重要的投资品种。从20世纪80年代至今，紫砂壶热引发其价格直线上升，尽管其间有大起大落，但大师级的作品始终有很高的价格，有的高达数十万、数百万元，甚至破千万。在这股投资热潮中，到底该如何投资紫砂壶？哪些艺人和艺术家的更有投资价值呢？

△ 漱泉壶　660毫升　王福君作品

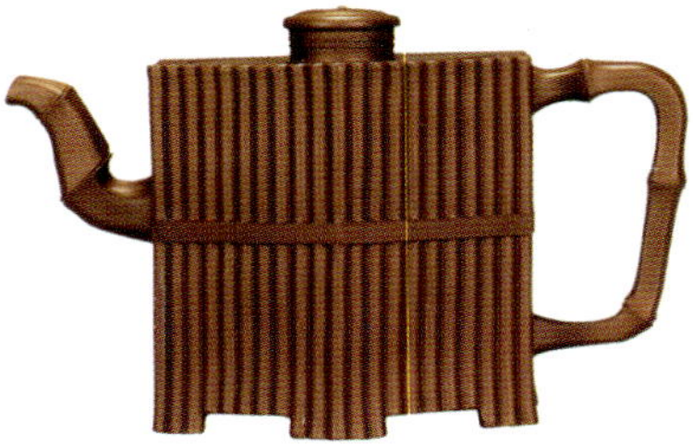

△ 八卦捆竹壶　邵景南作品

△ 风华壶　460毫升　王福君作品

△ 子治石瓢壶　段泥　250毫升　范惠作品

△ 金禄福壶　480毫升　孔春华作品

△ 年年有余壶　清水泥　蒋建军作品

△ 万象更新壶　范建中作品

△ 汉方壶　紫泥　高群作品

△ 金正方壶　400毫升　孔小明作品

△ 富足提梁　紫泥　高群作品

△ 汉风提梁壶　季益顺

△ 树樱壶　陈国良

△ 顽童壶 徐维明

一 青年陶艺家作品的投资

投资收藏当代紫砂工艺大师的作品，升值潜力是巨大的，但是普通藏家和投资者难以承受这些紫砂壶的高昂价格。其实，紫砂壶的投资中，最值得投资的不是大师作品，因为大师作品市场价格已炒到很高，要在一定时间内涨1倍或许有难度，甚至在高价位上已经积累了下跌的风险。

那么，最值得投资的是什么人的作品呢？那就是青年陶艺家的作品，因为他们的作品市场价格很低，但潜力很大。

所以，初学者不妨从收藏中低端紫砂壶起步，从关注有潜质的中青年紫砂工艺员的作品开始，一边熟悉一边鉴赏。紫砂壶的收藏类似字画的收藏，大画家本人和其作品在未被发掘之前总是默默无闻，而为世人所发现后，又总能声名鹊起、身价倍增。

只有关注和买入富有创作才华和发展潜力的中国青年陶艺家的作品，紫砂壶收藏投资才会有美好的未来。这是因为最有投资价值的紫砂壶，应该是那些有实力的非名家作品，但这需要眼力。

△ **四方仿炉壶**

长19厘米，宽10厘米

△ **紫韵壶　清水泥　蒋建军作品**

△ **四方仿炉壶**

高19厘米，宽10厘米

△ **夙慧壶　陈国良**

那么，哪些青年陶艺家的作品更值得收藏投资呢？在艺术欣赏价值和收藏投资潜力方面，王国祥、谭泉海、王福军、丁淑萍、鲁文琴、孔春华、孔小明、蒋建军、吴锡初、潘孟华、范建中、史永棠、王六初、吴鸣、徐达明、朱丹、许艳春、沈建强、卢剑星、吴光荣、陆文霞、姚志源、顾美群、吴亚克、刘建群、高群、范洪明、范惠、郭强、汤建林、沈谷大、高建强、徐美萍、刘新民、倪建军、曹建国、何健、范颖、朱晓东、李金林等陶艺家的作品值得高度重视。

△ 包裹壶　底漕清泥　200毫升　吴锡初作品

△ 玉乳壶　红泥　范建中作品

现在宜兴紫砂壶在工艺方面已经胜过古人，但是真正能够在作品中体现纯一、简实、淡泊风格、追求高雅品位的陶艺家并不是很多。有不少作品仅仅追求外表光鲜悦目，结果是徒有其形，而缺乏内在气质，更谈不上引人深思和耐人寻味了。

投资青年陶艺家的作品，要选择富有创新精神的作品。紫砂壶艺的创新，必须建立在充分理解紫砂壶所蕴含的生活方式、习俗风尚、审美爱好、造型意识、造物观念等要素的基础上。

一些优秀中青年陶艺家的代表作品，如“与先贤对话”系列、“五色土”系列、“摔壶”系列、“竹壶”系列等，都是紫砂壶收藏爱好者逐渐理解和喜爱的作品。

如擅长制作特大型陈设壶，尤以花器见长的范颖，从其作品看，都能做到构思新颖，造型优美，制作精巧，形神兼备。

紫砂壶爱好者买什么档次的壶，首先要看自己的经济实力。大多初学紫砂壶收藏的人，最适合投资当代青年陶艺师的作品。他们中很多人的制作水平和艺术气质都相当不错，只是目前尚未成名或名气不大，作品的价格就低得多，但他们之中肯定会有些人，在不久的将来会成为名家或大师，这就看投资者的眼力了。

玩紫砂跟收藏书画是一个道理。有时在低档产品中，偶尔也有可能选出古拙朴实的好壶来，黄金本是从沙里淘出来的，关键还是要学会淘。

△ **金凤提梁　沈杏大作品**

获第二届中国（莆田）海峡工艺品博览会优秀作品评比金奖。

△ **双龙戏珠壶　高群作品**

2004年获中国工艺美术博览会金奖。

△ **四方鸣远壶　徐达明**

△ **鱼跃龙门壶　高群作品**

二 现代工艺大师作品的投资

收藏投资现代紫砂工艺大师的作品，其升值潜力要远远大于仿古作品。

由于紫砂矿的储量越来越少，所以紫砂壶更显珍贵。和国画比起来，紫砂壶目前价位还处于起步阶段，升值空间大，而且国内的紫砂壶收藏和市场都在发展，紫砂壶是具有投资潜力的。

很多收藏者一味去购买老壶和仿古作品，其实还不如去购买现代大师的作品，后者收藏升值的空间更大。收藏投资者应寻找紫砂壶的“潜力股”，从收藏现代紫砂制作工艺大师的作品入手。

当代名家作品的投资中，应关注20世纪50年代和60年代的宜兴紫砂壶，这是具有明显时代特征的品种。20世纪50年代初期，历经战乱的宜兴紫砂从业者仅存50多人，而制壶的老艺人更只剩下20多人。

收藏投资现代工艺大师紫砂壶，最好选择有良好背景、传承有序的紫砂壶名家的作品进行收藏投资。如20世纪50年代初期出现的朱可心、王寅春、蒋蓉、顾景舟、吴云根、裴石民等一批壶艺大师。

当时，在政府的扶持下，老艺人组织起了合作社，恢复了紫砂壶的生产。这个时期出现的这些壶艺大师的作品，精品迭出，砂质优良，工艺规范，受到了如今壶具收藏投资者的追捧与青睐。

特别是顾景舟，更是其中的佼佼者。顾景舟仿制的供春紫砂壶，多年前在国际市场上的交易价就已经达到20万港币。

如今，随着一些顶级大师相继谢世，仅存的大师们很少参加市场交易，因此他们的精良之作极少出现在市场上，一般的藏家很少有机会亲眼看到，所能见到的有关作品，绝大多数是仿品。

当代制壶大师多数工艺精益求精，品相完好，赝品风险相对较小。值得留意的当代制壶大师有冯桂林、李宝珍、余国良、范鼎甫、邵毓芬、曹婉芬、顾绍培等。

收藏购买时，选择名师、名品、名作的同时，还要注重价格和潜在价值的比较权衡，成功的收藏投资都是在这一天平上寻找到最佳平衡点。国家高级工艺美术大师沈云兰，其制作一把壶的价格是1万～2万元，而其师傅制作一把壶的价格则高达16万元以上。从收藏投资的角度和发展潜力的角度看，初级收藏投资者宜选择潜力大而价格低的作品。

值得重视的是，在当代紫砂壶艺术家中，有的艺术家已经达到了大师的表现力和品位，但因种种原因，尚未获得大师的头衔。这类艺术家是最值得收藏投资者关注的，需要收藏投资者用知识去发现，用眼光去发掘。

△ 砖方壶　高群作品

△ 圣桃茶具　现代

△ 金钱豹系列　现代

△ 三足仿古壶　曹玉麟

▷ 集玉壶　周桂珍作品

高8.5厘米

◁ 紫气东来壶　吕俊杰作品

高9.5厘米

◁ 三足如意壶　范建中作品

三
当代名家作品的投资

在投资古董紫砂壶的同时，现当代制壶大师的作品也值得留意。

“名家壶”兼具艺术性和投资价值。所谓“名家壶”，即工艺师以上身份的人所制作的紫砂壶，因其所用的泥料较佳，做工精细，富有装饰和造型的美感，且数目稀少，是珍藏家梦寐以求的精品，价格也自然不菲。

但是，当代新壶的投资价值要高于老壶的认识，并不正常。目前，当代紫砂壶的收藏主力大多是以投资为目的，真正喜好紫砂壶的藏家并不多，目前新壶价格犳走高是炒家左右的结果。

对目前价位已经很高的当代紫砂壶能否继续走高，已有行家提出了质疑。基于“大师会做出好壶，但大师的壶并非每把都好”的认识，由于市场参与者在紫砂鉴赏能力上的欠缺，以及投资的盲目性，势必会让一些本不具有相应收藏价值的壶获得较高的价格，使价格与价值出现背离的现象，进而让贸然接手者蒙受经济损失。

正如紫砂壶专家周德田指出：“现在有一个很不好的现象，就是买职称，认为凡是大师的创作就是精品，就值得购买，其实这是完全错误的。在我看来，大师的身份只是能够制作好壶的基础，而不是制成品价值的保证。”

针对市场现状，周德田建议收藏者应当关注那些还没有成为大师，但具有中级职称的创作者，因为他们年富力强，精力充沛，富有创造性，并且为了成为大师必定会全力钻研紫砂技艺，具有创作出精品的必然条件。

所以，投资当代大师壶和投资老壶一样，这两个板块中都存在有一定的投资风险，投资者稍有不慎就会沦为高价壶，甚至赝品壶的接盘者。

△ **大口石瓢壶　段泥　320毫升　范惠作品**

△ **南瓜壶　原矿底漕清泥　400毫升　范惠作品**

△ 潘壶　王福君制壶、谭泉海书铭

△ 松竹梅壶　汪建翔作品

高13.5厘米

△ 兽钮段泥壶　周桂珍

四 古代名家作品的投资

以往，古代名家作品的拍卖价格往往不理想，曾长期停留在几万元的价格上。那是由于圈子里的人一致认为紫砂壶鉴定难，判定是什么时代的已很难，判定是什么人做的更难。大家不敢碰的原因就是真品假货很难判定。

如今，新品壶的价格上涨的同时，古代名家作品壶也已突破百万元的拍卖价，数百万元也不奇怪。这就说明人们判定紫砂壶真赝和好坏的能力有了很大的提升，这种提升是文化的提升。文化的热具有持久意义，假如不是文化的热，而仅仅是投资的热，它就是不健康的，是短暂的，接最后一棒的人就会吃亏。

由此可见，古代名家作品带来的紫砂壶热，会持续不断地热下去。

投资古代名家作品，首先要了解古代到底有哪些名家。

紫砂壶的创始人是明代的供春，在明代还有三位制壶名家：时大彬、李仲芳和徐友泉。他们所制的茗种名壶风格高雅，造型灵活，古朴精致的艺术韵味妙不可言。

清代的制壶名家有陈鸣远、惠孟臣、陈鸿寿、杨彭年和邵大亨等。

此外，名家还有陈汉文、杨季初、张怀人、陈曼生等，他们的壶一把值数十万、数百万都不足为奇，这是拍卖场上的价格和市场的价格。

但有时在古董市场上或地摊上，说不定数千元或一万元就能碰巧买到，只要你识货，就不会错失良机。有些名家作品，如明正德、嘉靖年间的民间紫砂壶艺人供春的作品，现在几乎看不到了。一旦拥有这样的大师的作品，价值连城。

清末民初高级工艺师顾景舟所制的好壶，价格要达数万元，而名家吕尧臣的作品，则价格几千元到几万元。精品市场中，清代紫砂壶仍是高端市场的主体，从历年紫砂壶成交价格前20名来看，清代紫砂壶就占了八成。

对于普通收藏者来说，与其购买价值数万、数十万元的明清紫砂壶，倒不如以较适当的价格收藏价位较低的近代精品紫砂壶。有机会的话在市场上还能看到一把20世纪初期的紫砂壶仅需千元。

精而少的作品是投资者的首选。古代名家壶也不都是精品，只有数目稀少的精品增值潜力才大。即使在买方市场占上风的形势下，罕见的珍品价格也不会有多大变化，反而会跟着年代的增加而为投资者带来丰厚的回报。

投资古代紫砂壶也要避免误区。很多人以为紫砂壶越老越好，专门藏旧壶、老壶，这也让紫砂壶市场出现了很多造假的现象。衡量一把紫砂壶收藏价值高低的关键，还是看艺术价值，并非一定是越老越好。

收藏紫砂壶最忌贪便宜。现在市场较乱，名家的壶都有仿品，所以，刚起步的投资者最好不要考虑古代名家作品，考虑自己的消费水平和承受能力，价位在2000元～5000元一把为宜。

通常，在艺术价值同等的情况下，越古老的紫砂壶越有投资价值。紫砂壶始于宋代，清代发展到高峰，如古金钱色的品种，最不易得。如果遇到贩卖宋代以前的紫砂壶，应是伪品。

古代紫砂壶中，有一类是贡品，收藏投资价值更高。古代江南等很多地方的官员向皇室进贡的贡品，这类紫砂壶几乎很难看见，一旦看见，不惜代价也要购到。

由于古壶数量极少，断代辨伪难度很大，普通收藏投资者与其选择明清老壶或已经谢世的大家的作品，不如选择目前仍活跃在紫砂业界的名家。

△ **朱泥贴花岁寒三友纹执壶　清早期**

高17厘米

△ **朱泥贴花镂空高身壶　清早期**

高13.8厘米

△ **朱泥贴花梨形壶　清早期**

高12.3厘米

△ **诗文圆壶　清晚期**

高14.8厘米

△ **段泥印花锦地梨形壶　清早期**

高10.7厘米

△ **紫泥镂空如意纽竹节壶　清早期**

高18.3厘米

△ **紫泥小壶（一对）　清晚期**

高10厘米

△ **百衲曼生壶　清代**

长11.2厘米，宽7.8厘米

△ **朱泥壶　清晚期**

高12.5厘米

△ **贴花壶　清代**

高12.5厘米，宽10厘米

△ **高帽壶　清代**

高19厘米，宽15厘米

△ **宫灯壶　清代**

高11.5厘米，宽10.5厘米

△ **菱花六方壶**

△ **紫泥贴花狮纽壶　清早期**

高15厘米

△ **一柱壶　黄龙山红泥　180毫升　鲁文琴作品**

黑色绞泥花纹修饰火红的紫泥，图案自由变幻，充满动感和神秘。全手工制作而成，转折点柔和过渡，隐含方的力度，圆润亦不失刚劲，圆中有方。壶身似柱，平实稳固，绞泥花纹装饰跃然壶上，艳丽多姿，既可陈设又可实用泡茶。的子夸张伸长，似擎天一柱，有冲天气势；壶把与嘴根部形似，互为响应；口、盖、的、嘴、把、肩、腰的配置比例协调统一，匀称流畅。

△ **腰圆菱花　红泥　汤建林作品**

◁ 提梁壶　范建中作品

五　无名氏壶也值得投资

有些喜欢购藏江苏宜兴紫砂茶壶的人士，过于“迷信”制壶者的名气，着意壶底或壶身上的刻款，以致错过不少真旧珍罕精品。并且他们往往受骗，因为许多制作较差的旧壶（本来无款名），可能被后人添伪款，充作明清名家之作；也可能误购一些近代造旧的仿名家制作的紫砂壶。

其实，自明代供春及时大彬等名家以来，有不少“大师级”的名家所亲手捏制的珍品同样没有刻款，这就需要靠收藏投资者的眼力。

不少人往往本末倒置，让款铭喧宾夺主。因为现代是一个注重名气的世界，以为有“名气者”就有“保证”，甚至“保值增值”，其实这已忽略了保藏与赏玩的基本乐趣，更遑论兴趣及情趣。

有些无名氏艺人，用料真实，做工精细，有自己独特的制壶风格，创作了一批传承与创新并重的好作品，只不过现今没有名气或名气较小，所以价格低。

对于资金不太宽裕的初级紫砂壶爱好者来讲，这种无名氏作品就如同黑马，他的未来成长性较快，日后名气及口碑长足发展的时候，其壶的附加值的增长，定会给投资者带来满意的回报。这样的无名氏艺人属于“潜力股”，给投资预留了很多利益空间，值得投资。

△ **沁泉壶**

长21厘米

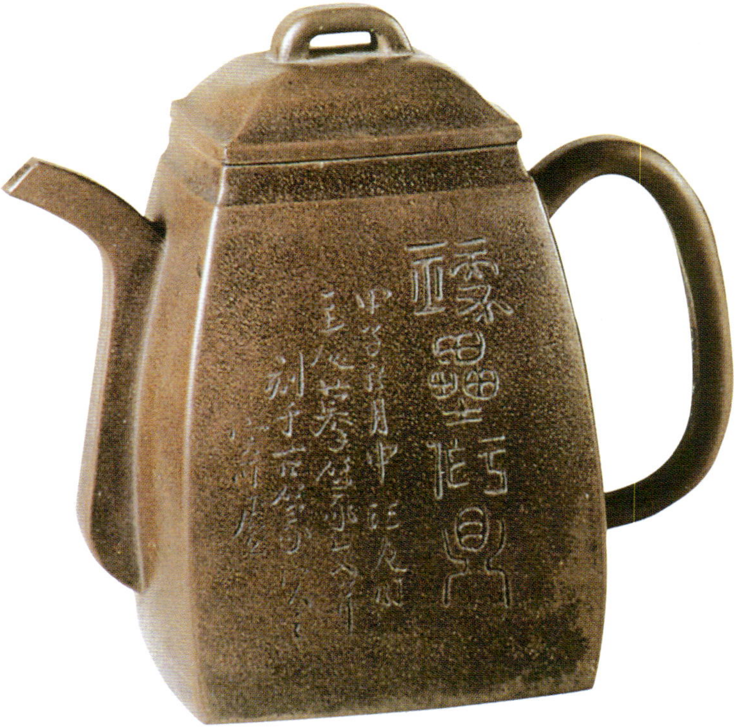

△ **钟形方壶**

△ **鱼化龙壶**
长19厘米

六
名家书画壶的投资

迄今为止，拍卖价格最高的紫砂壶不是紫砂壶艺人单独创作的作品，而是著名书画家参与创作刻画的紫砂壶，即1948年由顾景舟制、吴湖帆书画的“相明石瓢壶”，其拍卖成交价高达1232万元，创造了紫砂壶的最高成交价格。

这释放出一个信号：书画家参与刻画的紫砂壶，其投资价值最高，应重新认识这一板块。

紫砂壶问世以来，就与书画名家结下了不解之缘。传说北宋大文豪苏东坡当年在蜀山讲学期间，亲自设计了“提梁壶”，并在壶上刻下了“松风竹炉，提壶相呼”的诗句。这是宜兴紫砂壶与书法艺术的最早结缘。

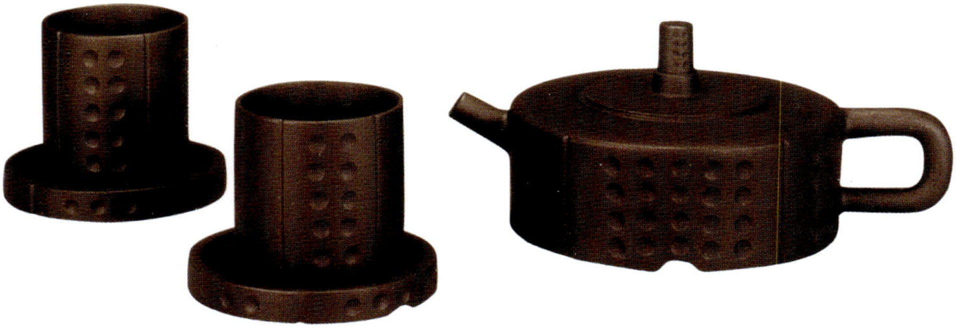

△ **吴鸣乐钟套具**

壶高7.6厘米，杯高5.8厘米

△ **佛手壶　红泥**

▷ 团圆壶　四号井底漕清泥　徐美萍作品

◁ 乳丁壶　四号井底漕清泥　徐美萍作品

▷ 得福如意壶　四号井底漕清泥　徐美萍作品

自明朝时兴散茶冲泡法开始，紫砂壶以其优异的材质和独特的功能，成为人们不可或缺的茶具，也成为文人士大夫的掌中新宠。特别是书画名家，以他们深厚的文化底蕴和独特的审美情趣，间接或直接参与到紫砂壶的创作之中，或为紫砂壶撰制壶铭，从而将紫砂壶这一普通的饮茶器具，成为提升到既具有实用功能，又具有艺术品位，既能够把握赏玩，又可以珍藏的艺术品。

书画名家与紫砂文化的联姻，成为一种传统，自明清到现代，绵绵不绝，名家名壶交相辉映，成为人们津津乐道的艺苑佳话。

在现当代，书画家参与紫砂壶创作继承了这一传统，当代名人壶作品中，有一批著名画家参与的作品特别引人注目。尤其是一批海上画坛风云人物参与画壶，为今天的紫砂壶收藏投资者带来了惊喜。

说到这批当代名家书画壶，还有很多故事。

20世纪70年代末至80年代，上海美术馆约请唐云等10余位沪上国画名家，绘制了一批宜兴紫砂壶，并由徐孝穆、沈觉初等名手镌刻。

海上画坛著名书画家参与画壶的代表人物还有朱屺瞻、王个、关良、陆俨少、谢稚柳、程十发、陈佩秋、赖少其、应野平、吴青霞、邱受成等。

这些沪上名画家画的紫砂壶，放在卖品部销售，很长时间价钱一直都没变过，标价6000元，打八折5000元。但在20世纪八九十年代这个价钱国内也很少有人会光顾，国人囊中羞涩，留不住这些壶。它们中的绝大多数都成了“海外游子”，后来大都被一新加坡藏家买走了。

最后两把壶分别有陆俨少、方增先手迹，且皆由名刻手沈觉初镌刻。

其中一壶陆俨少画了孤舟一片。陆画当然好，但不知是老先生或许尚未谙画壶之道，还是潦草应付，这片孤舟过于孤了。另一壶是方增先画的人物，画得颇精致。

无论画壶者、刻壶者、制壶者，还是策划此事者，当时恐怕都不会想到，有一天，这些即兴之作会被香港中文大学饶宗颐教授视为“紫砂复兴之第二浪”。

30年后的今天，新加坡收藏家有意出让这批唐云等画的紫砂壶，这批紫砂名壶又回到了上海。

其中唐云画的壶最多，约有60余把。唐云精于此道，善于将书画的章法和壶的造型相融合，使之与壶成为有机的整体，明显地提升了原壶的趣味和格调。如唐云绘的两只蟋蟀，栩栩如生，鸣声在耳。

从他创作的作品中，可以看得出曼生壶对他的影响，有些章法布局以及诗句就是源自曼生壶，但也处处可见唐云自己的个性和创意，如山水画是曼生没有涉及的。

清末民初也有一些画家将山水绘于壶上的，但唐云的绘画高于他们的，是因为他更具有整体感和笔墨气韵，构图有奇趣、逸趣。而且他与刻手徐孝穆、沈觉初“磨合”出相得益彰的境界来，也是非常重要的。

唐云知道怎样的画刻在壶上效果才好，而刻手也知道该如何再现他的笔墨。在壶上，他很少用大面积的墨色，因为刻出来吃力不讨好。他总是尽量发挥线条的魅力。书法往往铺满整面，更显装饰效果。

朱屺瞻画的壶也有十把。好像与其他的壶不是一批画的，其壶都做工较为精致，造型也像是后期一些。做壶人的工艺和成就大多也似乎高于其他壶的制作者，如邵盘洪、王三大（名壶手王寅春之子）、顾道荣。

为朱屺瞻刻壶者中，竟有著名雕塑家徐勇良。朱屺瞻画的壶还有一个特殊之处，壶底除了制作者的姓名印外，还有“上海中国画院监制”的印章，这个章是童衍方刻的。

程十发画的壶存世不多，他好像也不太在意此道，但他还是将他的机智和幽默体现在上面。

他在一把茄段壶上画了一把提梁壶，形成“壶中壶”的趣味。

陆俨少画的几把壶都很精彩。尤其一把“秋浦归帆壶”，壶下方孤帆一片，芦苇一丛，壶上方几根长短不一、波浪起伏的线条横贯壶体，形成了烟波浩渺的画境，令人过目难忘。

关良画的壶极为罕见，其中也有两把。其他人，如王个簃、应野平、吴青霞、谢稚柳、陈佩秋等，他们的书画易见，壶却是少见的。

这批海上名家书画壶的制作者，有吴培林、王秀芳、葛陶中、徐维明、陈洪平、徐雪娟、房玉兰、徐徐、顾斌武、徐元明、范其华、范早大、徐萍。其中大多数在当时还是小字辈。如今他们都已成紫砂陶艺界的名家了。这些壶有助于研究一个有潜质的制壶手的早年迹象。

宜兴紫砂大师徐秀棠是当年这些壶诞生过程的见证人。这批海上名家书画壶中，还有一把是其千金徐徐手制，邱受成画虚谷风格的金鱼二尾，由徐秀棠亲刻。

如今，徐秀棠欣然担任主编，将这批紫砂壶编辑成《宜兴紫砂壶·乙丑特辑》，精印面世。

用今天的眼光来看，这些壶或许不够精致，但是它们却有着现在宜兴紫砂壶正缺失的气质。现在宜兴紫砂壶看上去“精益求精”，是一个进步，但也可能成为一种退步。犹如画画，若只一味追求逼真和工细，则会落入媚俗的行画套路。从当初那些小字辈的作品来看，隐隐有着一种不媚俗的、坦然自在的大气度。

这种大气度，或许有些壶手现在已不再继续保持。所以，有识之士说：“当今的宜兴紫砂壶艺人若要追求真正的艺术大师境界，而不是职称的大师境界，应该反思。壶是实用的，壶也是有生命和气格的。顾景舟是将紫砂壶的实用、精工和艺术性结合的成功范例。美是自然的，坦然的，而不是矫揉造作的。”

顾景舟制、吴湖帆书画的“相明石瓢壶”之所以能拍卖出最高价，是因为它表现了那个时代文人画家特有的情怀意趣，如今更是难以重现了。

七 研究成功的投资者

研究成功的收藏投资者，对于初级收藏投资者而言可以找到前进的方向，有借鉴价值。

在紫砂壶收藏家中，沈燕军的藏品3年增值3.5倍，很有代表性。沈燕军3年前花1万元买的一把民国时期的紫砂壶，3年后卖出3.5万元的高价，仅仅3年时间就涨了3倍多。

三匠类的名壶价格更是坚挺，多在10万元以上，珍品的价格就更高了，二三十万元也难求一壶，清初制的紫砂壶，往往在拍卖市场拍出数十万元的成交价。

在投资紫砂壶的过程中，沈燕军认为主要要注重形与质。沈燕军建议多偏重一些历史传统名作，“好比梅花周盘、大亨掇只、葵八瓣、仿古如意、天地乾坤、菊蕾、提梁供春……要买就买好泥的紫砂壶，不要买在陶土里随意添加化学原料的壶，不保值。”

沈燕军认为，工艺也很重要。“紫砂壶的‘形’以古拙为佳，顾景舟巨匠早就总结过什么是好壶：好的壶有内在的精气神。做壶、玩壶是一种文化，即紫砂壶文化。容量适度、重心得当、口盖严密以及出水顺畅，这样品茗沏茶才可以得心应手，中看不顶用的壶不是好壶。”

投资珍藏紫砂壶与投资其他藏品不同，物有所用是根本。“花大钱买名壶，然后弃之不用，那么紫砂的魅力也就消失了。”

沈燕军周围，有一个专门珍藏紫砂壶的圈子，而且这个圈子越来越大，玩壶的人手里几乎都不止一把壶。紫砂壶的收藏投资者都明白，由于紫砂材质有类似海绵的吸附性，常沏茶的壶，就是不放茶叶，水中也有茶香。所以一把紫砂壶最好只泡一种茶叶，而且泡的茶只能越来越好，泡了低档茶叶后的壶，会影响将来用这只壶来泡高档茶叶。这是沈燕军玩壶的心得。

“可以选择300元～3000元的中档价位。投资的紫砂壶应该多元化，大小、砂料、款式都可以按自己的偏好选择。”沈燕军说。他建议，初学紫砂壶收藏的人，不妨从收藏中低端紫砂壶起步，从关注有潜质的中青年紫砂工艺的作品开始，一边认识一边鉴赏，“最有投资价值的紫砂壶应该是那些有实力的非名家作品，但这需要目力眼光。”

而对于喜欢古旧紫砂壶的藏家来说，现在市场上的大量紫砂壶都是仿名家的假货，其中尤以时大彬、徐友泉、陈鸣远的假货最多。这些壶看似古旧，但都是用科技手段做的，要想识别真假非常难。

△ **弥坚壶　范泽锋作品**

△ **梅桩壶　陈国良作品**

△ **碗灯壶　周桂珍作品**

高7.6厘米

△ **仿古壶　红泥　范洪明作品**

高7.6厘米

八 初级收藏投资者注意事项

紫砂壶吸引的玩家越来越多，初涉此行的人应抱着学习的态度，多走市场，多与行家交流，由浅入深，慢慢揣摩和总结紫砂收藏投资心得，切不可操之过急。

1 | 先学习后出手

初学紫砂壶收藏的人，要多读相关知识的书籍，多看展览，多和别人交流，多了解市场行情。要先了解，后出手。买壶要用眼睛，不要只用耳朵，完全依赖别人的介绍。

2 | 先低价再高价

初玩紫砂壶，应选择300元～2000元的中档价位。投资的紫砂壶应该多元化，不同的大小、砂料、款式都可以按自己的偏好选择。除了去正规的专营店购买外，眼力练出来的收藏者也可以去旧货市场淘宝。

作为工薪一族，可以先关注年轻有潜力的作者，最好是他们的纯手工作品。

△ **龙畅壶**

高19厘米，宽10.8厘米

△ **大西施壶**

高22厘米，宽12.6厘米

△ **新元壶 周桂珍作品**

高8厘米

△ **岁寒三友壶 汪寅仙作品**

3 | 先模具壶后手工壶

投资者首先考虑的应是紫砂壶的收藏价值，模具壶因为是批量生产的，它的存世量很大，制作工艺和水平也较低，所以收藏价值不高。

但是，对于从来没有购买过紫砂壶的初学者，可以先买几把模具壶，用来试手，看看摸摸，有了感觉之后再出手。

作为投资，手工壶是首选，特别是名家烧制的手工壶。

△ **陶木壶**
长10厘米

4 | 收藏名人壶也要注重艺术质量

初级收藏投资者往往会关注“名人效应”，目前一些高级工艺师的佳作，市场价格在数万元到十万元，这不是一般的初级收藏投资者可以承受的。

所以，选壶时不要过分看重“名人效应”，因为名人壶价格相对较高，但也有些名人壶并非件件精品。特别是受到市场利益的驱动，有的名家壶，其实也只是“代工壶”，有些是名人的学生和徒弟批量生产的，只不过挂了名人的证书而已。

更令人苦恼的是，市场上流通的名人壶，大多是假冒货。

如真要购买名人壶，可以到名人家中购买，或直接在名人手中购买。

5 | 学会鉴别

初级收藏投资者在投资紫砂壶时，需要了解和掌握鉴别方面的基本知识。

因紫砂名壶存世量有限，所以港台地区及东南亚的商人纷纷来大陆“淘金”，他们走遍大江南北，收集名家旧壶，之后又开始转向定制当代名家新壶，紫砂的收藏热潮漫至大陆，同时也推动了宜兴紫砂企业的快速发展。

就在这股收藏热潮中，一股暗流伴随而行，大量仿制的明清旧壶流入交易市场，致使海内外真正紫砂壶的收藏者和爱好者的热情大为受挫，紫砂壶的收藏也转入了低潮，真品的市场价位也随之跌落。

因此混乱的市场导致紫砂壶也存在良莠之别，假壶满天飞，而真壶却无人问津。所以，对紫砂壶的鉴定与甄别就显得非常重要。

紫砂壶的鉴定与甄别通常有以下几种方式：一是断代，紫砂壶的形状、款识、泥质和技艺等，在每个时期都有不同的特点，可以从一些重要特征入手进行鉴别；二是识别制作者，主要通过制作者标示的署款来识别，其署名特点至关重要；三是辨伪，这方面的专业要求非常高，不仅要知道断代和分辨作者，还要掌握各个名家的制作特点、款识格式和擅长技艺，尤其对早期紫砂壶，其辨别难度更高，稍不留神或行道不深，就极容易看走眼。

尽管近年来紫砂壶赝品泛滥，但并不影响收藏者和投资者参与，毕竟绝大多数赝品均属粗制滥造之列，识别也较为容易，而且这些东西一般售价较低，大多属于地摊商品，投资者完全可以抛弃这类紫砂壶，而选择有可靠来源的品种，或到拍卖行中竞拍。

△ 圣桃壶　汪寅仙

△ 博炉壶　民国绿泥　高建强作品

△ 提梁壶　徐秀棠

△ 柱形印文方壶

△ 延年益寿壶　陈国良

△ 鱼化龙壶　范大生

△ 西瓜壶　张正中

△ 金丝南瓜壶　高丽君

△ 龙行天下　清水泥、绞泥　蒋建军作品

◁ 神韵壶　吕尧臣

△ 竹报春壶　王寅春

△ 欢天喜地　绞泥　400毫升　孔小明作品

6 | 慎买高价获奖壶

要慎买高价的所谓的获奖壶——有些获奖壶是由近年来的会展经济带动起来的——因为收藏者购买的壶不一定就是那次展会上获奖的那把壶，而且一些会展评奖中含有水分。因此，投资者购买时要理性、慎重，首要还是要注重壶本身的艺术价值。

7 | 寻找自己喜欢的壶

因炒作性宣传的误导，导致很多收藏投资者迷失方向，收藏投资时候随大流走，而失去了个人的判断。

成功的收藏投资者都是依照个人的审美趣味，选择既符合精品壶标准，又是喜欢特别喜欢的藏品，无意中使收藏投资获得超额收益。

而凭自己眼光和喜爱收藏的壶，往往没有被骗的风险，且很可能在将来成为黑马品种。

8 | 树立正确的投资理念和心态

目前市场上充斥了大量诸如“大师壶增值潜力不可限量”，“紫砂泥料开采殆尽，好料难寻”的信息，严重地误导了收藏投资者，吸引了大量的外部资金进入了紫砂市场，使某些艺人的身价在短时间内获得大幅跃升，带有一定功利性。

这样炒作出来的大师壶，其实存在极大的风险，因为暴涨之后往往是暴跌。

所以，投资者在收藏投资前应有备而来，先要用知识武装自己的头脑。如按制作时间来划分，紫砂壶分为明清古壶、20世纪初期壶与当代壶三大类。和很多藏品一样，现在市场把明清时期的老壶价格抬得非常高，动辄数万元、数十万元，也吸引了众多人“风险投资”，想刚入门就赌一把大的。

这不是理性行为，因为很多人压根就不懂紫砂壶，出得起价钱不代表了解价值。

收藏投资紫砂壶要有正确的投资理念和心态，不要以急于挣钱的心态去购买，这样容易被人欺骗。此外，收藏投资新壶不能只看现在的价格，还要看两年以后的价格。

△ **双龙壶**

长18.5厘米

△ **线圆壶**

长19厘米，宽8.5厘米

△ **提璧壶**

长18厘米

△ **六方掇壶**

高22厘米，宽13厘米

△ **汉韵壶**

长14厘米

△ **仿古壶**

长20厘米，宽10厘米

△ **三叉提梁壶　黄玉麟作品**

高16厘米

九 哪些紫砂壶是投资首选

紫砂壶收藏投资首选品种如下。

1 名家制作的紫砂壶

名家制作的紫砂壶是收藏与投资的首选。作为一种绝技，紫砂壶除了讲究泥质、工艺独特和装饰方式外，制作水平是影响价格的关键因素。

鉴于名家通常具备高超的技艺，在师承传统的同时往往会不断创新，代表着一种工艺特色和流派，因此，他们的作品历来受到藏家的重视和青睐。所以，在经济实力允许的条件下，投资者应该首选名家之作。

投资者玩壶是一种投资行为，要根据自己的经济情况量力而行。如果经济宽裕的话，可以直接接触大师的壶，那样会很有感觉，作者都是久浸中国文化的大师，其内在的艺术修养和知识内涵都包含在作品的创意里面了。

2 艺术价值高的紫砂壶

艺术价值反映市场价格。紫砂壶的造型各有千秋，但艺术水准的高低却是衡量市场价格的重要标准。紫砂壶上各种奇异的树枝、花果、筋纹和描绘的图案及文字，是紫砂壶精美绝伦的艺术价值的体现，自然受到集藏者的眷顾与珍爱。

3 有鲜明时代特征的品种

在满足上述艺术价值高的前提下，具有时代烙印的品种应受到收藏投资者重视。

紫砂壶在不同历史时期的流行特点，往往具有时代的印迹，尤其是某段时期代表性的作品，常常是千金难求之杰作，在紫砂集藏界具有非常高的地位，其历史价值和投资价值也非同寻常。如“文华大革命”时期制作的紫砂壶，主要以泥绘或镌刻革命图案与文字为特征，而且在造型与内部结构上也出现了变革。

△ **壶痴款紫泥印包壶　清道光**

宽18厘米

△ **葫玉壶**

高8厘米，宽14.5厘米

▷ **磨光提梁壶　清代**

高14厘米，宽10.5厘米

△ **吴云根制东坡提梁壶　近代**

高27厘米，宽23.5厘米

顾景舟制玉璧提梁壶　当代

高16厘米

△ **莲子壶　清代**

高10厘米，宽9厘米

▷ **掇球壶**

高16厘米，宽12.5厘米

△ 描金山水楼阁渔舟图德钟壶　清嘉庆

△ 朱砂狮钮圆壶　清早期

高11厘米

4 | 纯手工壶

即使是出自同一名家之手，作品也有高下优劣之分。那么应该如何选择更具有收藏投资价值的壶呢？

投资者应选择纯手工壶。手工壶中有半手工壶，即有一部分是压模批量制作的，这样的手工壶已打了折扣。只有纯手工壶，全部采用纯手工制作的壶，投资价值才高。

收藏者和投资者都要相信自己的眼力，最重要是从壶的气质上进行观察。壶与壶之间的内在气质是很不一样的。紫砂壶的整个制作过程都是作者在表达自己的思想，饱含生命的体验和感受，如同心里头有一根线牵着，因而有价值的壶，整个制作是由内而外展开的，有一种蓬勃的力量在里面。熟眼的人看好壶，会有一种向上的感觉，而这样的壶必然是纯手工壶。

总之，投资紫砂壶需要根据工艺特点、艺术价值、名人效应和流行趋势等进行综合考虑，优中选佳不仅是集藏的真谛，也是市场投资最基本的着眼点。

△ 诗书壶　紫泥　王六初作品

◁ **锡刻诗文三镶壶　清**

高11.5厘米

△ **段泥人物纹石瓢壶　清光绪**

高15.3厘米

△ **寿桃壶　红泥　王六初作品**

△ **紫泥六方壶　清早期**

高15.5厘米

△ **聚泉壶**

长13厘米

△ **双龙戏碧壶**

长18.5厘米

△ **青狮壶**

长15厘米

△ **一线蛋包壶**

长19厘米

△ **紫泥诗文壶　清代**

高17.3厘米

△ **锁片壶　清代**

高9.2厘米，宽6厘米

△ **朱泥笠帽壶　清晚期**

高12.5厘米

△ **和谐壶　蒋新安**

艺术是现实的升华，此壶为全手工成型，用神似来表现大象，乍看简约，细观之，壶身上宽下收，如大象身躯和腿的轮廓，嘴如大象昂起的长鼻，简约的壶把，如大象自然下垂收起的尾巴。

品茗时，仿佛能感受到大象脚步的坚实与厚重，逶迤向前、气度雄浑的神韵让人的心灵也不由沉静和踏实起来。“象”与“祥”谐音，故取名吉祥壶。

△ **三足壶**

长13.5厘米

△ **竹运香提壶**

长16厘米

△ 紫砂镂空纽圆形大壶　清早期

△ 思亭　清代

高9.5厘米，宽6.5厘米

△ 一帆风顺提梁壶　葛军

△ 提梁壶　江建翔

△ 滔滔提梁壶　汪寅仙作品

△ 紫泥大口扁腹壶　清乾隆

△ 四方竹鼎壶　王六初作品

附录一

历代著名紫砂艺人

金沙寺僧

金沙寺僧，姓名不详，明弘治正德年间人。明代周高起《阳羡茗壶系》中有他与当地制缸瓮的陶工相处、征练细土、捏制和烧成砂壶的记述。《阳羡名陶录》中也有相似的记载。金沙寺在宜兴城东南20公里。《阳羡茗壶系》“创始篇”称金沙寺僧为紫砂壶的创始人。他为人闲静有致，曾与陶工相处而习得一手陶艺，当时可能茶叶正改为壶泡，遂筑为胎规而圆之，再刳使中空，并出口、柄、盖的，然后拿去陶穴烧成，为人使用。据传金沙僧喜用紫砂泥壶，自然会有相当多的指纹留于壶上，此为鉴赏金沙僧壶的重要根据。但由于其作品并不署款，自无从认定有何传器流之于世。至于也有人附会四大名壶的“无名壶”即为金沙僧所筑，是否真实，则尚待察考。

供　春

供春，明代人，又名龚春。相传在正德年间（1506—1521）为宜兴人吴颐山家书僮。吴颐山到宜兴东南40里的金沙寺读书时，供春伴随左右。窃仿寺内老僧炼泥制壶，尤其吸取其质朴典雅的风格。他精心研制后改进工艺，水平大大提高。金沙寺僧制作的紫砂陶壶表面有明显的指螺纹，可能尚属一般土器。工艺比较粗糙。而供春做出的紫砂陶壶增加了原料的精细捏练、拍打、磨光等工序，逐渐成为一种品质高雅的茶具。明周高起《阳羡茗壶系》赞供春壶“栗色周围，如古金铁”。从供春开始，宜兴紫砂陶壶成为我国独特的茶具品种，自然体系。供春壶明代已是凤毛麟角，被视为珍宝，后代更是仿品众多。现存供春款紫砂壶中，只有中国历史博物馆所藏树瘿壶流传有序，它状如树瘤，泥色暗黄，壶身近把手一侧刻篆书“供春”款，曾由清光绪年间翰林、收藏家吴大澄收藏，民国初年由宜兴人储南强在苏州发现，由宜兴工匠裴石民配制壶盖。但终因证据不足，对其年代考证仍有争议。

董　翰

董翰（约1567—1619），明代万历年间人，字后溪，所制茗壶，一改寺僧、供春以来古拙风格，作品以文巧着称，是最早创造菱花式紫砂壶的名手。清乾隆年间吴骞所著《阳羡名陶录》说：“董翰始创菱花式壶，赵梁多制作提梁式壶。”所谓菱花式壶，是仿菱角的四折瓣造成的八角形壶，而这种壶的外形，也可见诸唐镜和宋碗之中。此种菱花式壶，很可能就是以后发展为17世纪和18世纪初期所最流行的筋纹器造型的紫砂壶。

赵　梁

赵梁，一作赵良，他的作品中多提梁式壶。据说明代砂壶中的提梁式，就是首先由他创制的。与董翰、元畅、时鹏号称明万历年间（1573—1620）制壶四名家。

元　畅

元畅，一作元（玄）锡、袁锡。关于他的姓氏，诸说不一。周高起《阳羡茗壶系》作玄锡；陈贞慧《秋园杂佩》作袁锡；周嘉胄《阳羡茗壶图谱》及吴骞《阳羡名陶录》作元畅，今从吴说。关于他的作品，尚未见有著录。

时　鹏

时鹏，一作时朋。自周高起《阳羡茗壶系》以来，皆认为是万历年间壶艺大家时大彬的父亲，但也有人误以鹏为大彬之子。《阳羡茗壶系》对四名家的评价是“董文巧而三家古拙，乃供春之后劲也”。

李养心

李养心，号茂林，也是万历时著名艺人。善于制作小圆壶，嘉庆《宜兴县志》说：“妍妙在朴致中，世称珍玩。”他在兄弟辈中排行第四，故以“小圆壶李四老官”得名。所制茗壶，朴中带艳，但不加款式，仅朱书号记而已。陈贞慧《秋园杂佩》称他的作品风格别具特色，技术在“大彬之上，为供春劲敌”。据明人周高起考证，在李茂林以前，紫砂壶都“不免沾（缸坛）釉泪”，原因是各家壶坯都附入缸窖烧造，没有用匣钵封闭起来，因而沾染了缸器的釉泪。从李茂林以后，“壶乃另作瓦缶，囊闭入陶穴”，从而防止了紫砂壶沾染釉泪的毛病。

时大彬

时大彬（1573—1648），号少山，明嘉靖至万历间宜兴人。据李斗《扬州画舫录》载，时大彬乃系宋尚书时彦之裔孙。他的父亲就是四大名家中的时朋。父子相传，更有深厚的家学渊源。他对紫砂壶的泥色、形制、技法、铭刻等都匠心独具，有相当的研究和杰出的创造。艺术成就远远地超过了父亲，许多文献都认为“前后诸名家并不能及”，其地位居于“壶家妙手称三大”之首。时大彬所制茗壶，小巧玲珑，千姿万状。宜兴壶艺传至大彬，始蔚然大观，推为正宗。其造壶艺术光辉照耀着整个紫砂工艺的历史。时大彬善用各色陶土为壶，有时在陶土中杂以砂土，“砂粗质古肌理匀”，作品不务妍媚而时见巧思，出人意外。他开始制作的时候，还只是单纯模仿供春，以大壶为主，从游娄东和当时的著名文人太仓王世贞、松江陈继儒等交往，闻琅琊、太原诸公品茶试茶之论后，突破了老师的樊篱而多作小壶，点缀在精舍几案之上，一人一壶，更加符合文人的美学趣味，因此当时就有“千奇万状信手出，巧夺坡诗百态新”，“宫中艳说大彬壶”这些推崇的诗句。大壶泡茶，茶叶浸泡过久，鲜味不存，故有“茶注宜小不宜大，小则香气氤氲，大则易于散漫，若自斟自酌，愈小愈佳”的评语。时大彬制壶的特点大约五个方面：①在用料方面，以粗砂为主，大多硇砂和制，致使“榖绉周身，珠粒隐隐”。总的说应是“砂粗质古肌理匀”。②时大彬所制壶，早期以大壶为主，晚期多制小壶，从已有记载看，有圆壶、扁壶、梅花式、僧帽式、菱花八角式等。③在制作方法上，时壶为捏造车坯。据传，在壶柄上有拇痕为标识。④绝无绘画装饰，以素面为主，很少诗文刻铭。少数在器盖上有印花装饰。⑤在款识方面，以“大彬”和“时大彬制”为多。早年请能书者落墨，由其本人用竹刀刻画，或以印记；后期他本人书法精进，能用竹刀随意刻写，多作楷书，运笔有晋唐小楷意。时壶似应或用题记，或用印章，不大可能有题记和印章并用的情况。时大彬的传世珍品，有南京博物院所藏调砂提梁大壶，上海博物馆所藏扁壶，扬州博物馆所藏朱砂六方壶，故宫博物院收藏的紫砂胎包漆方壶和特大高执壶，以及美国旧金山亚洲艺术博物馆藏的瓜棱壶，香港茶具文物馆藏的僧帽壶等。

李仲芳

李仲芳，明万历年间宜兴人，一说江西婺源人，生卒不详。他是名艺人李茂林之子，因为排行最大，人们叫他李大仲。他又是时大彬的门徒，而且“为高足第一”。名师传授，造诣很深，其艺术成就与师父不相上下，仲芳兼长家传与师承，他的制品渐趋文巧精工，技艺精湛。他仿造的大彬作品，几可乱真。《阳羡茗壶系》说：世所传大彬壶，也有仲芳作，大彬见而赏之并自署款的。所以当时人们就有“李大瓶，时大名”之说，传为美谈。清初人认为他的“小圆壶形制精绝，又在大彬之右。”紫砂壶的制作，到了李仲芳的时代，已经由简单朴素而渐趋文巧。究竟是应该复古，还是趋新？在当时的艺人中就有不同的争论。仲芳的父亲是主张复古的，极力“督以敦古”。仲芳是主张趋新的，不同意敦古的意见。他们父子之间在艺术上的争论是极其激烈的。据传，有一次仲芳做好一把紫砂茶壶，急急忙忙送到他的父亲面前问道："老兄，这个如何？"从此，人们就把仲芳制作的紫砂壶叫作"老兄壶"。据文献记载，仲芳"后入金坛，卒以文巧相竞。"可见他始终没有采取复古的论点。《阳羡茗壶赋》作者吴梅鼎评李仲芳壶有"仲芳骨胜而秀出刀镌"之语，可见其制壶技法的精绝。李仲芳的传器有《茗壶图录》卷下第十三页所刊仲芳梨皮泥壶一具，壶底铭文署"万历戊午秋日，九月望日为叶瓮先生制。仲芳"十八字楷书款。又，梨色中壶一具，盖大而圆，壶底署"李仲芳"三字楷书。香港艺术馆也曾刊出李仲芳所制的觚棱壶，壶底镌铭"从来佳茗似佳人"，并署"仲芳"楷书款。

徐友泉

徐友泉，名士衡，明万历间宜兴人，一说江西婺源人。生卒不详。他不是陶家出身，但有造型艺术天才。他在紫砂工艺的泥色调配品种的丰富多彩方面，有杰出的贡献。徐友泉善于配合色土，喜欢仿效古器物尊、罍的形制，他的作品总是别出心裁，变化多端，"毕智穷工，移人心目"。其壶有汉方、扁觯、小云觯、提梁卣、蕉叶、莲方、菱花、鹅蛋、分裆、索耳、美人睡莲、大顶莲、一回角、六子等款式。泥色有海棠红、朱砂紫、定窑白、冷金黄、淡墨、沉香、水碧、榴皮、葵黄、闪色、梨皮等各种色调。文献评介他的作品是："种种变异，妙出心裁。"但他自己并不满足于已有的成就，他自己曾说过"吾之精，终不及时之粗也"的话，可见对于他的老师是极为倾倒的。徐友泉创作的紫砂壶，造型式样较多，据说仅为吴氏一家所制之壶，已不下数十种，但留传迄今的却十分稀少。友泉精研壶艺，且对壶泥色彩和茗壶式样，多所发明，多所创造。吴梅鼎在《阳羡茗壶赋》中写道："若夫综古今而合度，极变化以从心，技而进乎道者，其友泉徐子乎！"把徐友泉称作穷变化、集大成的一代宗匠，可谓备极推许了。汪文柏在《陶器行赠陈鸣远》诗中有句写道："荆南陶器古所玩，问谁作者时与徐"。可见徐友泉不仅一时被人称重，到了后世，还有人把他和老师时大彬并称。徐友泉的传器有：①失盖紫砂壶，形扁，壶底署"友泉"二字真书。②褐砂中壶，式度质朴，壶底镌刻"戊午仲冬，徐友泉制"八字真书款。③香港茶具文物馆藏紫砂虎錞壶，壶底署"万历丙辰秋七月，友泉"九字楷书款。④香港茶具文物馆藏仿古盉形三足壶，壶底署"友泉"二字。

欧正春

欧正春（生卒年不详） 宜兴人。一作欧子明，江西婺源人。明代制瓷工艺家。活动于万历年间（1573—1620）。擅制宜兴陶器，为时大彬弟子。多规花卉、果物，式度精研。所造瓷器，形式大半仿钧窑，又称“宜钧”，精巧玲珑，浑朴而妍整。清代程哲《蓉槎蠡说》载：“欧窑出南直常州府宜兴县，明欧姓者烧造，有仿哥窑纹片者，有仿官钧窑，彩色甚多，皆花盘奁架，诸器不一，旧者颇佳。”宜兴窑传世品仿哥、仿钧皆有，北京故宫博物院藏有各式瓶洗数件，文献及清宫档案所记大体吻合。欧正春对宜兴瓷器釉彩，有较大贡献。

陈用卿

陈用卿，明崇祯时人，制壶名家，善做仿生壶。他所做的仿生紫砂壶，形神兼备，惟妙惟肖，十分名贵。陈用卿善制大壶，式尚工致，丰满自然。所造莲子、汤婆、钵盂、圆珠等式样，不用规矩准绳而自然圆整妍饰。款仿钟太傅帖意，落墨拙而用刀工。吴梅鼎《阳羡茗壶赋》评论用卿壶艺，以浑成醇厚称之。其艺术水平仅次于时大彬。明人张岱在《梦忆》中也评说：“宜兴罐以龚春为上，时大彬次之，陈用卿又次之。”由此可见他的壶艺地位，早有定论。其传器有三：①淡墨色紫砂圆壶，錾如半环，盖小的圆，壶身镌刻“秋水共长天一色丁卯用卿”十二字。丁卯即明天启七年，其书法仿钟繇，落墨拙而用刀工者，即指此壶。②深紫色大壶一具，造工朴拙，壶身镌刻“山中一杯水，可清天地心。用卿古式”句，书法在行草之间。③香港茶具文物馆藏弦纹金钱如意壶一具，壶身镌刻草书署“丁卯年。用卿”款。

陈仲美

陈仲美，江西婺源人，原是景德镇的制壶名手，工仿古窑器，后慕名到宜兴改业紫砂陶。他的作品，别具一格，所制茗壶，都摹状花果，并缀以草虫为其特色。伸爪出目的“龙戏海涛”尤其出名。茶具之外，他又做过许多文房雅玩，如香盒、花杯、狻猊炉、辟邪、镇纸、鹦鹉杯等陈设物品，都极精工，“重镂叠刻，细极鬼工”，大大开拓了紫砂陶的制作范围。陈仲美实际上是一位雕塑能手，他把瓷雕与紫砂壶艺相结合，其作品匠心独运，不仅施展了瓷雕的绝技，在紫砂壶上附加陶刻艺术的美学要素，重镂精琢，为之增华；而且又擅长塑造，曾塑紫砂“观音大士像”，庄严慈悯，神采焕然，璎珞花鬘，不可思议，把紫砂工艺向塑造艺术推进，为紫砂陶增添了新的光辉和华彩。所可惜的是这位“智兼龙眠、道子”的艺术家，竟以“心思殚竭，以夭天年”。吴梅鼎称颂其壶“巧穷毫发”，周伯高将他的作品列为“神品”。传器有香港艺术馆《宜兴陶艺》刊载：

①束竹紫圆壶一具。②紫砂犀牛一尊。③天启甲子四年天鸡壶一具。④饕餮六角壶一具。⑤辛酉年饕餮尊一件。

沈君用

沈君用，名士良。所制茗壶式色，上承欧正春一派，又近陈仲美风格。作品多浮雕，玲珑透剔，形象逼真；而且善于调配壶土，“色象天错”烧成器皿，有“金石同坚”之美。其制品造型，“不尚正方圆，而笋缝不苟丝发”他未成年时即初露才华，就以艺术精湛离奇而着称，因此时人称他为“沈多梳”。多梳，就是童年垂髫，还没有束发成年的意思。但他因用脑过度，不幸过早去世。据文献记载：“巧殚厥心，以甲申四月夭。”甲申是崇祯十七年（1644）。《阳羡茗壶系》称仲美、君用所制砂器为神品，并对这两位艺人英年早逝，深感惋惜。《阳羡砂壶图考》载沈君用的传器有红泥粗砂小壶一具，流短而錾反，制作极精，壶底镌刻“大明天启丁卯君用制”楷书三行。丁卯年即天启七年（1627）。

沈子澈

沈子澈，明崇祯间浙江桐乡人。善制茗壶、文具，与时大彬齐名。所制壶典雅浑朴，巧夺天工。曾为人制菱花壶，镌铭：“石根泉，蒙顶叶，漱齿鲜，涤尘热”。《阳羡名陶录》称“子澈实明季一名手也”。《桃溪客话》云：“子澈胜国名手，至其品类，则有龙蛋、印方、螭觯、汉瓶、僧帽、提梁卣、苦节君、扇面方、芦席方，诰宝、圆珠、美人肩、西施乳、束腰菱花、平肩莲子、合菊、蝉翼、柄云、索耳、番象鼻、鲨鱼皮、天鸡、篆珥、海棠、香合、鹦鹉杯、葵花、茶洗、仿古花樽、十锦杯等，大都炫奇争胜，各有擅长，始举其十一耳。”可见子澈制作，善仿友泉，其壶式也多相类同。传器有长方壶一具，鋬、嘴、的俱方，造型古雅，壶底有“沈子澈制”阳文篆书方印。美国华盛顿弗里尔艺术馆藏葵花棱壶一具，有“崇祯壬午”铭。

徐令音

徐令音，明代名艺人，有人说他就是徐友泉的儿子“小徐”。徐喈凤编《重修宜兴县志》里把徐令音与徐友泉、陈用卿、沈君用同列为明代制壶名艺人，想必其造诣在伯仲之间。传器有香港苏士比公司出版的《宜兴陶器》所刊一具鱼头水盛，底镌“徐令音制”阳文小篆章。

项圣思

项圣思，虽不见史载，但技艺精湛，以书法篆刻见长，为明末清初时候的巧匠。所遗精品紫砂桃杯，现藏南京博物院。杯呈朱砂紫色，劈半桃为杯，枝作把手，枝叶缠蔓，桃叶脉胳毕现，精巧玲珑，技艺独绝。这是宜兴紫砂器中极为少见珍品。桃杯口外沿刻七言诗两句：“阆苑花前是醉乡，拈翻王母九霞觞。”出自唐代诗人许碏的《醉吟》。作者为桃杯选配的诗句，不仅很好、很准，且能洞察到作者的“胸中丘壑”。这件紫砂桃杯也就成了一首无声的诗，更加耐人寻味。口沿诗下署“圣思”二字，并钤“圣思所作”阳文小印一枚。“圣思”相传为修道人，姓项，能制桃杯，大于常器。花叶干实无一不妙，见者不能释手。廿年前，简翁得此于燕市，归而宝之。杯底叶小损微跛，名手裴石民，时方以第二陈鸣远名于世，善为前人修旧。昨年用宾虹老人之意，为供春壶重配盖。今岁复以鄙请，为此杯加一托，中虚而涵纳之，趾乃定。遂为之记略，兼扬其绝艺，以光于陶史为二美。”简翁即宜兴储南强，此杯于1952年献给国家收藏。

惠孟臣

惠孟臣，明天启、崇祯间宜兴陶人。精制茗壶，形制浑朴，而小圆壶则更精妙。其壶以竹刀刻款，以盖内有“永林”篆书小印的为最精。其作品用朱泥、紫砂的多，用白泥的少；制作小壶多，中壶少，大壶最罕。惠孟臣的制品，大壶浑朴，小壶精妙，尤以小壶出名，这就是后世水平壶的前身。这些小壶可圆可扁，也可束腰平底，大为时人所赏识，如蔡寒琼、潘如庵、不耽阁主人、听泉山馆主人、披云楼主人、碧山壶馆主人和部分日本的藏壶家，都藏有孟臣的制品，声誉因之日盛。美国新泽西州的纽沃克博物馆藏有一个朱砂孟臣壶，壶嘴和壶柄曾破裂，被日本人用金漆修补。孟臣壶在华南一带流行最多，但伪托的特别多，如不是精于鉴赏的人，很难辨别它的真假。1975年广东陆丰县发现的明末清初黄霖墓中，曾出土一件孟臣壶。惠孟臣死后三百年，许多有孟臣款的小壶还不停出现，甚至不限于宜兴一地仿造。惠孟臣制的紫砂壶，有早到明天启时代的，也有晚到清雍正二年的，是其后人继续造壶，沿用孟臣的名款及印章的，直到现在还有，可见他的小壶是多么受欢迎。孟臣壶传器较多，有署“文杏馆孟臣制”楷书款的茗壶。而今赝品也多，且书法拙硬，不像原器那么秀娟而不离唐贤风格，仿制者虽精，书法终究不能相比。

陈鸣远

陈鸣远，名远，号鹤峰，一号石霞山人，又号“壶隐”，别号“鹤邨”，清康熙、雍正年间（1662—1735）宜兴川埠上袁村人。他出身于紫砂世家，其父陈子畦也是明末清初的制壶名匠。《宜兴县志》称陈鸣远是近百年来壶艺成就第一名手。所制茶具、文玩有数十种，制品新颖，是一个善翻新样、塑镂兼长、技艺精湛的大师。他的独到之处是用雕塑装饰与造型相结合，款式书法也雅健有晋唐风格。当时有不少文人雅士对他的造壶艺术作过高度的评价。他的作品，各方争购，在国内外同时流行，并博得“海外争求鸣远碟，宫中艳说大彬壶”的赞句。当时鸣远的碟与大彬的壶，并驾齐驱，声誉很高。陈鸣远的壶艺、盛誉、地位，在紫砂工艺史上确实是可以与供春、时大彬先后并称的“三大名匠”。陈鸣远致力于造壶艺术，开创了一代宜兴紫砂文丽工雅的壶艺风格。他设计作品，包括壶、杯、瓶、盒、文房雅玩，多达数十种，“无不精雅绝伦”，誉者以为“堪与三代古器并列”。他吸收了明代制壶名匠的纤巧华丽的风格，作品文丽工雅而又有超过前人的地方。清人张燕昌在《陶说》里曾对陈鸣远的作品作过“纤巧”的评论。陈鸣远的作品，以技艺精湛及富创新精神而著名，他多才多艺，同时也是一位多产的陶艺家。他的作品类型分布甚广，归纳起来可以分为三类，即茗壶茶具类、文房案头摆件及像生瓜果小品类，以文房雅玩为最，从而丰富了紫砂陶的造型艺术，发展了紫砂陶的品种。陈鸣远的传世作品，在国内外均有收藏。南京博物院所藏南瓜形壶，团山泥胎，砂质温润，色近橘红。构思巧妙，制品新颖，以南瓜为壶体，壶嘴堆塑瓜叶，把手饰瓜茎藤，盖状瓜蒂。壶身筋囊生动自然，嘴把造型和谐统一，叶脉藤纹刻画逼真，妙趣盎然，巧夺天工。壶身一侧镌铭行楷“仿得东陵式，盛来雪乳香”十字，刻款“鸣远”，书法古雅，有晋唐风格，并钤阳文篆书“陈鸣远”方印。另一件较能代表陈鸣远壶艺风格佳作是包袱壶。壶体为一衣包，平面作长方圆角形，形体饱满而不臃肿，布纹褶裥既不失真，又不落自然主义的俗套。嵌盖结构增强了整体感。在状为衣包的壶体上，装一副四方形的嘴把，使整体更有精神。包袱壶制作精巧浑成，风流高雅，韵致怡人，底刻“两腋习习清风生。鸣远”九字。

惠逸公与惠孟臣世称“二惠”。惠逸公长于工巧，制壶形式大小与诸色泥质俱备。然而赝品之多，可与孟臣等量。伪作多属小壶。大壶尚罕见。逸公书法，楷行草俱备，且竹刀、钢刀均用，陶刻作品甚佳，非干、嘉后辈所能及。逸公的传器较多，散见于海内外。如新加坡陈之初先生香雪庄藏红泥狮钮壶一具，壶身镌“甘露被野，嘉禾遂生”行草铭，又“生春”隶书铭，“逸公作于东斋”行草款。香港艺术馆《宜兴陶艺》刊圆腹孟臣小壶一件，壶底刻有“逸公监制”四字行书。《宜兴陶器图谱》所刊惠逸公传器，还有以下几件：①朱泥大壶两具。②朱泥莲子小壶一具。③紫泥小壶两具。④朱泥薄胎小壶一具。⑤红泥小壶一具。

华凤翔

华凤翔，清康、雍年间宜兴人。善仿古器，制品精雅而不失古朴风味，兼长紫砂炉。传器有仿汉方壶一具，参粗砂，作梨皮色，底镌“荆溪华凤翔制”篆书阳文印。全壶巧而不纤，工而能朴，可称神品。香港艺术馆《宜兴陶艺》刊有汉方小壶一具，镌印款式俱与上同，或即为同一壶。

许龙文

许龙文，清雍、乾年间宜兴人。技艺受陈仲美、沈君用的影响，所制多花卉象生壶，殚精竭智。壶底常刻二方印，一曰“荆溪”，一曰“龙文”。日本《茗壶图录》选载其代表作品共有四件：①名号“倾心佳侣”。流直鋬环，通体以秋葵花为式，千瓣参差，向背分明，瓣在腹者最大，在底者次之，在盖者又次之。的也各施工，流下有二小印：“荆溪”“龙大”，泥色紫而梨皮。秋葵花与蜀葵相类，故名号称其为“倾心佳侣”。②名号“趺坐逃禅”。流弯而短鋬环而整，腹扁而大，胎薄而虚，最宜注瀹。底有二小印：“荆溪”“龙文”，泥色紫而梨皮，率与“藏六居士”同质，通体或如结跏趺坐，宛然有物外之貌，故号曰：“趺坐逃禅”。③名号“藏六居士”。流弯而带棱鋬环应之，盖腹底皆共六棱，的成乳形，底镌“惜馀铭”三字真书，也有二小印“荆溪”“龙文”，泥色紫而梨皮，较“倾心佳侣”稍淡，通体成龟形，而流鋬有昂首曳尾之态，如动如止，故号曰“藏六居士”。④名号“方山逸士”。流直而方，鋬矩而成口字样，盖平坦如棋枰，的似覆斗，钮底有印“许龙文制”。泥色紫而梨皮，形制四面，端正类似方山，故号曰“方山逸士”。

陈曼生

陈曼生，名鸿寿，字子恭，又号老曼、曼寿、曼公，还有夹谷亭长、胥溪渔隐、种榆仙客、种榆道人等别称。清乾、嘉间浙江钱塘（今杭州）人，陈士鋆孙。乾隆三十三年（1767）生，道光二年（1822）卒，在世55年。嘉庆六年（1801）他应科举中拔贡，善古文辞，以古学受知于阮云台尚书，与从弟陈云伯同在阮元的幕府中办事。他们都有文才，人称“二陈”。后世尊为西泠八家之一。陈曼生素善书，酷嗜摩崖碑版，所刻铭文，篆、隶、楷、行都有，行楷有法度，八分书尤其简古超逸，篆刻追踪秦汉，兼工花卉、兰竹。著有《种榆仙馆摹印》《种榆仙馆印谱》《种榆仙馆集》《桑连理馆集》等。1935年中华书局曾出版《陈曼生花卉册》。嘉庆二十一年（1816）前后，陈曼生对紫砂茗壶忽然发生兴趣，又结识了宜兴的制壶名手杨彭年、杨宝年、杨凤年兄妹等，并对杨氏“一门眷属”的制壶技艺给予鼓励和支持。更因为自己的爱好，于是在“公余之暇，辨别砂质，创制新样，手绘十八壶式，请杨彭年、邵二泉等制壶”，“壶铭多为幕客江听香、高爽泉、郭频迦、查梅史所作，也有曼生自为之者”。同时，陈曼生及其幕僚在题刻壶铭时，也很注意与壶的形状切合，有独到之处。因此，在紫砂壶史上便产生了“曼生壶”的专有名词。此种制铭名士和制壶名工的合作结晶，固属两美，堪称“珠联璧合”，传世作品是收藏家访求甚殷的。曼生壶底部常用“阿曼陀室”“桑连理馆”印记，壶底下部有“彭年”“二泉”小章。上海博物馆所藏的一件壶底刻有“仿汉延年飞雁瓦当”的瓦当壶，就是典型的作品。壶呈深紫色，正面为瓦当阳文“延年”二篆字，背面刻“不求其全乃能延年。饮之甘泉，青萝清玩。曼生铭第二千六百十一壶”底钤“阿曼陀室”方印，梢有“彭年”小章。此壶造型借助瓦当设计，铭文则是借题发挥，反映了文人的世界观。

杨彭年

杨彭年，字二泉，号大鹏，清嘉庆年间荆溪人，一说为浙江桐乡人。生卒年不详。据说乾隆时制壶一般多用陶模衔造，分段合之，其法简易，明代时大彬的手捏法已少传人。但杨彭年是一位制壶名家，他不仅善于配泥，而且壶嘴不用陶模，始复捏造之法，随意用手捏成而有天然之趣，玉色晶光，气韵温雅。他的作品，有的浑朴工致，有的玲珑精巧，为艺林视为珍品。彭年还兼擅刻竹，刻锡也佳。其妹凤年、弟宝年，也都是当年的制壶名手。当时在宜兴邻县溧阳做官的文士陈曼生，不仅爱壶，且有制壶之癖，他慕名特意到宜兴和杨彭年兄妹合作制壶。据传曾绘紫砂茗壶造型十八式新样，陈曼生设计，杨彭年制作，待至泥坯半干，就用竹刀在壶上镌刻书画铭文。他们的制成品有时刻“阿曼陀室”款字，壶底或壶鋬下有“彭年”“二泉”小章，世称曼生壶，历来为鉴赏家所珍爱。南京博物院所藏彭年制曼生铭紫砂壶应是杨彭年的代表作。此壶坯体坚致，表面平滑明亮。状如馒头，流肩以下，如“气贯其中”，圆滑如“莼菜”。底大如盘石，极为稳重。盖钮拱起，与壶身的弧度一致，也可以说是壶身的延伸。壶把与壶嘴所占的空间大小相近，分外增加了砂壶的平衡感。壶嘴虽系填塞而成，但杨彭年把壶嘴根部上下做成圆弧形状，软软地与壶身贴在一起，看不出有任何粘接的痕迹，正如“羚羊挂角，无迹可求”。又因壶把向外回转得大了些，作者将壶嘴做长，并稍稍向上，以求得视觉上的谐调。由此可见，杨彭年对这件砂壶的构思和造型确是深有创意。

杨宝年

杨宝年，嘉庆年间宜兴人，又名葆年，字公寿。为杨彭年弟，善制茗壶，尤擅捏制法，曾为陈曼生造壶，所选泥料均为名贵的天青泥，紫檀色中微泛蓝，精光内含，温润如玉。制品有时署“公寿”款，世人也有误为胡公寿之作。《阳羡砂壶图考》载杨宝年的传器有：砂壶一持，底钤曼生刻“阿曼陀室”印，紫砂井栏式，铭曰：“井养不穷，是以知汲古之功。频迦铭公寿作”行书下钤“宝年”二字篆书阳文方印。又香港艺术馆《宜兴陶艺》刊仿曼生铭铜鼓形壶一具，铭曰：“鼓咽泉涓润舌田，曼生为一樵”，壶底镌“杨葆年”篆书阳文方印。

杨凤年

杨凤年，嘉庆间宜兴人，字玉禽，也称杨氏，为杨彭年的三妹，制壶得家法，其壶艺成就也很突出，作品构思巧妙，浮雕精美，可与其兄杨彭年媲美，是历来公认的最有名望的制壶女名家。当年杨氏兄妹三人都曾为陈曼生造壶，名传遐迩。杨凤年的传世作品也较多。现藏宜兴陶瓷博物馆的“竹段壶”就是她的作品。壶呈紫色，沉着稳重；壶体作竹段形，嘴鋬均以竹枝竹叶装饰，比例匀称，疏密合度，工艺精巧，为壶中佳品。另一件风卷葵壶，也杨氏所制，造型典雅，以锦花瓣点缀全壶，花姿卷翻，形态逼真，不仅艺术造诣精深，而且盖口紧密，泥色和润。又《阳羡砂壶图考》载传器有一白泥钿盒式壶，铭曰：“钿盒丁宁，同注茶经。绮雯书，玉禽制”小楷四行，书法下钤“凤年”篆书阳文长方小印。

邵二泉

邵二泉，字景南，嘉庆、道光年间人，工镌壶铭，且善制壶，曾为陈曼生造壶。邵景南壶多数为二泉刻字。《阳羡砂壶图考》载传器有白泥大壶一柄，腹钤铭曰：“客至何妨煮茗候，诗清只为饮茶多”款署“二泉”。盖内有“志茂”小章，底有“阳羡潘志茂制”章，皆篆书。又紫砂大壶一具，壶身铭曰：“十二峰前一望秋。二泉”款皆行书，底镌“竹溪吴月亭制”篆书阳文方印。

吴月亭

吴月亭，字竹溪，为杨彭年后辈，善雕刻。有一杨彭年制曼生壶，壶身铭曰：“云溪写芭蕉石”，署“竹溪刻”三字，刻工流利。《阳羡砂壶图考》载传器有紫砂大壶一把，底有篆书阳文印曰：“竹溪吴月亭制”。又朱泥方壶一具，壶身铭曰：“如印传一，如斗量才。觚哉，觚哉。时辛亥夏，南彝道者制”草书八行，分布壶身两面，盖内有“竹溪”小方印。

蒋万泉

蒋万泉，道光、同治年间宜兴陶人，虽不见史载，但是当年的制壶名家。作品单纯高绝，不苟丝毫，与邵大亨、黄玉麟齐名。传器中其代表作品有“紫灵壶”，通体无瑕疵，浑圆雍容，触摸细腻，容水顺手，水流玉柱，令人爱不释手。据说上海许四海先生有一把大亨壶，鉴赏家皆赞口不绝，而此壶与其同样形态，水平雷同，真是无独有偶。又南京博物院所藏“紫砂钟形壶”，壶形似钟，流子微曲，壶把椭圆，盖面微凸，壶的圆，底凹进。色泽赭红，形制朴素敦厚，古朴大方。壶底内刻阳文篆书“万泉”小方印。这是目前所发现又一具万泉所制的传世名壶。此外，在上海金山县松隐从清代王玷山墓中发现的陈曼生自铭紫砂竹节壶，是一件至为难得的真品，尤足可贵。

冯彩霞

冯彩霞，嘉、道间宜兴陶人，是继杨凤年后又一位杰出的制壶女名家，善制喝功夫茶的水平壶，大如拳头，小如鸡蛋，所制壶有衔制、捏制之别，捏制壶则指纹腠理隐现，尤为夺目，盖以方印为识，有“彩霞监制”四字阳文篆书。彩霞书法颇有欧阳询之韵，所镌款字精谨有致，也间用草书。后受聘于南海伍氏在广东万松园内听涛楼制壶，所制紫砂壶概称“万松园壶”。传器有：①朱泥小壶一具，底镌“中有十分香。彩霞”七字欧体楷书。②手捏朱泥小壶一具，底有“彩霞监制”阳文篆书印。③紫泥小壶一具，底镌“山青卷白云。彩霞”七字行书且用竹刀刻。④香港艺术馆《宜兴陶艺》刊平肩小壶一具，壶底镌“彩霞监制”阳文篆书方印。

瞿应绍

瞿应绍，是道光年间参与紫砂壶艺的上海名士，字子冶，一字阶春，初号月壶，晚改号瞿甫，又署老冶，室名“毓秀堂”。清道光间贡生，官玉环同知。工诗词、尺牍、书画、篆刻、鉴古，最善画竹，浓淡疏密，错落有致；兰、柳也工。又擅陶刻，尤好刻竹于紫砂壶上，自号“壶公”，尝请邓奎到宜兴监制，壶之精者子冶自制铭，或绘兰竹，镂于壶上，时人称为“三绝壶”。至于寻常馈赠之品，则嘱邓奎镌铭识。宜壶之盛，曼生后子冶实为第一人物。子治制壶，规模效法曼生，且善制砂胎锡壶，与杨彭年合作，柄有“彭年”印记者，即瞿氏手制。瞿氏收藏古器颇富，也善鉴别金石文字。卒年七十。有《月壶题画》《月壶草》等著作传世。瞿应绍往昔传器有：①碧山壶馆藏粗砂幼造壶一柄。②披云楼藏参砂轻赭色大壶镂梅花一株。③八壶精舍藏深朱泥中壶一柄，侵砂堆凸如树瘿，式度古雅，别饶风趣。④白泥渗砂中壶一柄。

朱　坚

朱坚，嘉道间浙江绍兴人，字石梅，又号石眉。能画，兼长人物、花卉，工鉴赏，多巧思，砂胎锡壶与陶土镶玉，都是他的创制。且善写作，曾着有《壶史》一书，惜已亡佚。其书法篆隶行楷均劲逸有风致。《阳羡砂壶图考》载传器有：①听泉山馆藏夹锡壶一具。②碧山壶馆藏紫砂大壶一具。③区梦良藏紫砂大壶一具。④储南强藏石梅为宋茗香制一壶。

申　锡

申锡，道光、咸丰间人，字子贻，善篆刻，喜用白泥，精捏造，巧不可阶。若寻常之品，每用模型，鉴赏家自能辨之。考清代壶艺，能蔚然为名家者，当推子贻为后劲。申锡曾和杨彭年合作制茗壶，敦朴如古铜器。壶工和文人、画家、刻工的合作，往往常见，而两个名壶手合作制一壶，先例则不多。当时申锡和杨彭年齐名，而居长，故有申杨之称。申锡的传器有：①古铜色仿古中壶一具。②白泥壶一柄。③白泥方形硬耳提梁卣一持。④香港茶具文物馆藏刻竹铭方斗壶一具。

邵大亨

邵大亨，宜兴川埠乡上袁村人，清嘉咸间（1796—1861）制壶大家。他在少年时就享有盛名，是继陈鸣远以后的一代宗匠。他的制壶以浑朴见长，尤其在制简练形体，如掇球、仿古等壶，朴实庄重，气势不凡，更突出紫砂艺术质朴典雅的大度气息，他的壶“力追古人，有过之无不及也”。其鱼化龙壶，伸缩吐注，灵妙天然。他的作品在清代时已被嗜茶者及收藏家视为珍宝，有“一壶千金，几不可得”之说。可见当时他的壶艺声誉之高。现有“鱼化龙壶”“掇球壶”“风卷葵壶”“一捆竹壶”藏于南京博物馆。

黄玉麟

黄玉麟（1842—1914），清末的制壶名家，为邵大亨之后又一重要的制壶大家，他所制的壶选泥讲究，作品莹洁圆润，精巧而不失古意，灵妙天然。有说他“每制一壶，必精心构选，积日月而成，非其重价弗予，虽屡空而不改其度”。黄玉麟所制茗壶，多圆式，选泥讲究，作品莹洁圆润，精巧工整。鉴赏家珍之，评价在杨彭年、宝年昆仲之上。黄玉麟曾经被吴大澄和顾茶林先后请到家制壶。吴大澄是当时的金石收藏家，黄玉麟在吴家时能看到很多古代的铜器和陶器，他把这些古器物的艺术特色融化到紫砂壶的创作中，使他的壶艺更加精进，名气大增，给后人留下不少佳作，如“鱼化龙壶”“供春壶”等。

俞国良

俞国良（1866—1937），清末民初制壶名家,曾被吴大澄请去制壶。工精细巧，技艺纯熟，壶的体态雍容谨慎，正如主人之敬恪恭俭。所作红泥四方传炉壶，现藏于宜兴紫砂工艺厂陈列室，此壶于1932年曾获得芝加哥博览会的奖状。壶的造型方中寓圆，棱角浑朴有致，底、腹、口规矩而挺拔有力，是继传统造型中别具特色的造型，时人誉为制作精湛而气格浑成。俞国良的作品多钤“国良”和“锡山俞氏”印，根据后一印，可得知俞氏是锡山人。

程寿珍

程寿珍（1857—1939），自号“冰心道人”，是近代勤劳多产的名艺人之一，师承其继父邵友庭。所制掇球壶最负盛名，曾多次获国际奖。掇球壶犹如大、中、小三个圆球叠垒，稳健丰润，端正完美，口盖紧密，1915年在美国旧金山举行的太平洋万国巴拿马国际赛会获头等奖后，有“价随声高”之誉。尔后所制掇球壶，一律都有三个印记：壶底内镘“寿珍”篆印，壶盖内钤“真记”楷书小印，而壶底外所镌之铭文印记多达24字篆文：“八十二老人作此茗壶，巴拿马和国货物品展览会曾得优奖。”82岁所作之壶传世的共有10把，也有赝品流传，真伪易辨。寿珍壶的早期作品，壶底一般镌“冰心道人”四字篆印。此外，程寿珍所作的仿古壶，气度也不凡，其鋬特别粗，盖大而扁平，线形粗细对比得体，壶身、肩、肚、底、盖、钮，骨肉亭匀，错落有致，秀丽中见巧思。而另一件汉扁壶佳作，圆中见方，嘴连肩至鋬，贯成一气，肩平盖方，不愧为大家杰作。

范大生

范大生（1875—1942），字绳武，号承甫，制壶大家。世居宜兴丁蜀镇西望圩村。其父范生大，本人名大生，其子名承甫、锦甫。范氏家族三代艺人在紫砂壶上同用一个“大生”印款，用了数十年，留下为数较多的紫砂壶名作。19岁起从师名艺人范鼎甫，民国初年被利永陶器公司聘为技师。民国五年（1916）又受江苏省立第五中学校长童斐之聘，任校陶业教师。一生勤奋好学，刻苦钻研，制壶技艺精深，“大生壶”名噪一时，传世之作有“合棱”“鱼化龙”“合梅”“一捆竹”“竹鼓”“仿古”“掇球”等壶。造型浑朴有致，色泽匀称，均为壶艺珍品。精心创作的大型陶塑“雄”获1935年英国伦敦艺术博览会金奖。

冯桂林

冯桂林（1902—1945），自号卷翁，宜兴宜城镇人，紫砂著名艺人，擅长松竹梅题材及仿真自然塑器。其制品或圆或方，或长或短，或高或矮，或规则或不规则，无不精致细腻，深沉肃穆，给人以“千奇万状信手出，鬼斧神工难类同”之感。冯桂林一生创制紫砂花货精品甚多，仅新品种类就达200余种，手法新颖，风格独特，构思奇妙，着称于世，为紫砂历史上不可多得的名匠艺师之一。是江苏省立陶器工厂蜀山“陶工传习所”首批艺徒中的高材生，满师后成为紫砂工艺一代名家。其师为程寿珍、范大生。后受雇于“汪裕泰茶庄”制壶，以“卷翁”作印章款。又曾受聘于“吴德盛陶器公司”所制紫砂，器底有“金鼎”商标。

顾景舟

顾景舟（1915—1996），原名景洲，别称曼希、瘦萍、武陵逸人、荆南山樵。自号壶叟、老萍。宜兴紫砂名艺人，光素器巨匠，一代宗师，中国美术家协会会员，中国工艺美术大师。少年即立志于紫砂陶艺创作，从其祖母邵氏（邵大亨后人）学艺，潜心磨炼制作技巧，方二十便已身列紫砂名手之林。20世纪30年代后期至上海制壶仿古。1954年进入宜兴蜀山陶业合作社。1956年被江苏省政府任命为技术辅导，带徒徐汉棠、高海庚、李昌鸿、沈遽华、束凤英、吴群祥等人。一生三次参加全国工艺美术代表大会，在我国港、澳、台以及东南亚一些地区影响特大，被海内外誉为“壶艺泰斗”，作品为海内外各大博物馆、文物馆收藏。数十年来饱览历代紫砂精品，深入钻研紫砂陶瓷相关工艺知识，旁涉书法、绘画、金石、篆刻、考古等学术。丰富的人文素养加上精炼制壶技艺，酝酿出其紫砂创作的独特艺术风格，而顾景舟对于紫砂陶传器鉴赏亦有高深独到的造诣。他的紫砂作品以茗壶为主，年轻时先由方器入手，兼做圆器，随着其与书画界的交往，逐渐偏重光素器型的制作，最后是以几何形壶奠定其个人风格，找到属于自己的艺术创作方向。作品特色是，整体造型古朴典雅，形器雄健严谨，线条流畅和谐，大雅而深意无穷，散发浓郁的东方艺术特色。他还与名画家韩美林和中央工艺美术学院张守智教授合作制壶，为陶壶的发展注入现代美学概念。开创紫砂茗壶造型的新意境。

蒋　蓉

蒋蓉（1919—2008），别号林凤，江苏省宜兴市川埠洛林人。她是一位杰出的女艺人，也是现代著名的陶艺家。她是我国紫砂工艺界两位声誉最大的老一辈巨匠之一，其造壶艺术成就可与清代杨凤年相媲美。她的作品形象色泽及表面纹理都达到出神入化的境地。蒋蓉11岁随父亲蒋鸿泉学艺，1940年由伯父蒋鸿高带至上海制作仿古紫砂器，曾为虞家花园设计制作花盆，1947年回乡。1955年参加宜兴蜀山陶业生产合作社，创作荷花壶、牡丹壶等。为周恩来总理出国访问赶制的像真果品20套。1955年被评为“紫砂艺人”。1957年制作佛手壶，尝试注浆工艺制作茶壶，提高工效，满足出口订货需要。1958年创作金瓜壶、菱形壶、南瓜烟缸、大栗杯、竹根等数十品种，批量生产。1973年后，创作的白藕酒具，琵琶笔架，蛤蟆捕虫水盂，树桩盆等已大自然为造型，包含生活气息的陶艺作品。1978年被授予“工艺美术师”。1983年，创作更具特色，先后有：百寿树桩壶，玉兔拜月壶，菊蕊花蝶壶，松果壶，双龙紫砂砚等问世。发表《师法造化，博采众长》的紫砂专论。1989年被授予“高级工艺美术师”，1995年国家授予“中国工艺美术大师”。

朱可心

朱可心（1904—1986），出生于宜兴蜀山镇。父亲朱伯荣以编织草席为生，家道清寒。原名凯长，艺名“可心”。他平生钟爱这种化土石为珠玉的行业，艺术造诣较深，成型技艺全面，擅长塑器造型，是现代著名的壶艺家之一，被誉为紫砂工艺的一代宗师。14岁时拜汪生义为师，与吴根云结为师友。1931年受聘于江苏省立宜兴陶瓷职业学校窑业科技工，此间创作紫砂咖啡具。1932年，精心制作云龙鼎和竹节鼎参加美国芝加哥博览会，并荣获“特级优奖”，1953年12月“全国民间艺人观摩大会”携作品云龙壶、圆松竹梅壶参展。1959年他以合作社代表的身份参加北京故宫博物院举办的世界陶瓷展览。其作品松鼠葡萄壶、松竹梅三友壶被选入“中国工艺美术巡回展”出国展出，并获一等奖。1959年他费时4个多月精心仿制南京博物院珍藏圣思桃杯获殊荣。创作旺盛期，设计制作了如意壶、云玉壶、高峰咖啡具，迎宾酒具、万寿壶、碗梅壶，可心梨式壶等，许多式样成为紫砂工艺陶畅销产品。1964年他精心仿制陈鸣远包袱壶，达到紫砂技艺炉火纯青的地步。朱可心首创一种壶式，多种装饰的手法，深受中外人士的欢迎。朱可心是一位不断进取的艺人，作品多洋溢时代气息。壶艺风格浑厚淳朴，法度合宜，善于从自然及生活中汲取创作灵感和素材。辛勤培育紫砂塑气技艺人才，有潘春芳、许成权、汪寅仙等。

裴石民

裴石民（1892—1979），原名德民，又名庆云，出生于宜兴蜀山镇，父业豆腐店营生。他读过几年私塾，15岁辍学后跟姐夫江祖臣学艺，潜心于紫砂陶。据他说改德民为石民的用意，“是为了与紫砂陶更相符合一些的缘故”。艺成后，他22岁到利永陶器公司制作紫砂器，掌握一手精湛技艺，不久他就在紫砂行业中崭露头角，以制品小巧精雅而闻名遐迩。博得“陈鸣远第二”的雅号。宜兴名士储南强，热爱中华民族珍宝，在苏州发现明代供春“树瘿壶”，经名画家黄宾虹考证，黄玉麟所配盖壶与壶不相符合，为此储请裴石民重新配置，并请金石家潘稚亮刻上铭文，后将此珍品献于中国历史博物馆。裴石民的代表作品有：串顶秦钟壶、三足鼎壶、素身圆裙壶、梅段壶、松段壶、五蝠蟠桃壶。作品以中、小件为主，每种式样多则五六件，少则两三件。他眼界高，修养深，器物造型古朴完美，在紫砂艺苑中别树一帜。求新求变的精神颇能启迪后人。他制作细货，每件作品都费工时，能收能放。超凡的构思，精湛的技艺，以制成清秀不俗之壶，故没有大批量的作品出现，藏家得之，珍为稀宝。

吴云根

吴云根（1892—1969），又名吴芝莱。14岁向汪春荣（生义）学习制陶技艺，与汪宝根、朱可心为师兄弟。1915年，由江苏宜兴利用陶器公司介绍，去山西省平定县平民陶器厂做技师，历时三年，此间不仅传授紫砂陶的成型技术，还利用炭釉炉试验烧成的炉钧紫砂彩釉陶，成为近代宜兴陶艺界向外传播紫砂技艺的杰出代表之一。他待人谦和大度，德艺俱佳，作品如人品敦厚、朴实，大批学子在其扶掖之下，步入紫砂工艺殿堂。现今著名制壶名家中国工艺美术大师吕尧臣以及吴震、何挺初、葛明仙等均出其门下。汪寅仙最早由他亲沐教泽，并推荐于师弟朱可心处学艺。他长期从事学院的艺事正规教学，十分重视紫砂陶艺的写生技巧，尤其对竹的形态特别关注，达到炉火纯青的境界，教导艺徒们制壶要讲究形似，更重神似，要懂生态规律，识其品相，从生活中体会写生，方能融会贯通。他的制壶风格朴实稳重，擅长光素器、筋纹器制作，于仿制传统产品中别抒机心，善作变化，给人以新颖之感，享有“出神入化”之美誉。他的作品喜用双色泥质表达主体，主体与附件用两种泥色处理，相互呼应，色泽和谐，鲜明得体。造壶讲究整体的气韵，端正稳健，有挺拔之势，流、把、肩、盖处用线过渡十分流畅，触觉舒适、便利、实用；营造艺壶，讲究虚与实、方与圆的对比效果，使壶富有浓郁的古色古香的韵味，点缀装饰细腻逼真，整体造型布局匀称，浑然天成，毫无雕琢之气。

王寅春

王寅春（1897—1977），祖籍江苏镇江，出生于宜兴川埠乡上袁村，是现代一大名师。他幼年家贫，未能进过学堂，早在13岁就拜紫砂艺人金阿寿为师学艺，开始他的造壶艺术生涯。3年满师后，上门帮窑户当制坯客师。1921年起，因他制坯手艺特好，上海客户向他长期定制各式水平壶，他用印“阳羡惜阴室王”盖于壶底，“寅春”章盖于壶，从而名扬上海。后来，蜀山金石篆刻家潘稚亮刻“王寅春”方章相赠，他宝爱此印，一生一直用这方印钤于壶底。1935年，到上海为古董商龚怀希仿制紫砂古董，使他接触明清的紫砂精品，反复揣摩造型特点，研究制作手法，把握住各前辈名人造壶的形和神，成功地复制陈鸣远、徐友泉、陈光明和陈子畦等作者的作品。1937年抗战爆发仍以制壶为业，制作中低档茶壶，这就是盛誉一时的价廉质高的“寅春壶”（他通常只用一颗印章，不论档次高低）。常年制作以高档壶为主，期间也曾制作96头紫砂高档餐具，成为历史之最。1959年、1960年两次被评为省劳动模范，曾带两批艺徒。多次承制国家领导人出国礼品“13 头咖啡具”“ 5头梅花周盘茶具”，创作“玉笠壶”“八方盅钟壶”“六方菱花壶”“纹井壶”。王寅春是忠于造壶艺术的一代大师，德高望重。他做的紫砂壶，线条挺括清新，口盖准缝严密，每件作品都有显著的个性，技艺有独到之处。代表作亚明方壶、圆条壶等苍劲刚遒；六方菱角壶、梅花周盘壶等挥洒自如；提梁裙花壶、六方抽角壶等庄重与飘逸兼备。他74岁还在制壶，显示了“生命不息，创作不止”的崇高精神。

任淦庭

任淦庭（1889—1968），又名干庭，字缶硕 ，号漱石、石溪、聋人、大聋、左民、左腕道人。排行老三，长兄淦坤，精于刻纸，二哥不幸早逝，四弟淦儒，专工花鸟人物。幼年只读过三年私塾，但极为刻苦好学，常折树枝席地作画写字，被乡人视为奇才。15岁时，跟随宜兴名雕刻书画家卢兰芳学习紫砂陶刻工艺。满师后在宜兴城吴德盛陶店陶刻作画为主。抗战爆发之后，陶业渐有恢复，才又从事紫砂陶器的雕刻，受雇于顺与陶器厂。1955年，艺人归队，参加蜀山陶业生产合作社，并担任理监事。1956年被江苏省命为技术辅导员，当选为江苏省政协委员。1957年和朱可心、顾景舟等参加北京召开的“全国工艺美术艺人代表大会”，和朱德同坐一席。1959年赴京参加建国十周年庆典，出席全国群英会，受到中央领导的亲切接见。任淦庭一生酷爱书画，每天作画不止，留下大量画稿。他潜心研究紫砂陶刻艺术，上承清末宜兴书画、金石家陈懋生、陈研卿、沈瑞田、卢兰芳、韩泰、邵云儒等，下传当今陶刻名家徐秀棠、谭泉海、毛国强、鲍志强、沈汉生、咸仲英、鲍仲梅等，其紫砂陶以传统风格为主，题材广泛，形式多样，画以山水、花鸟、人物、博古图案等为主，尤以梅、竹、兰、菊为胜。书有正、草、隶、篆、钟鼎、甲骨文等种书体。镌刻时以多变的刀法，表达陶刻线条的趣味和美感，将书法、诗词、画意装饰、简约于紫砂陶上，使紫砂艺术相映成题。奇绝处是能用左手或右手对瓶挥毫落墨，画出相同而对称的花鸟、山水、图案。

潘春芳

潘春芳，1939年出生于宜兴丁蜀镇。1955年进宜兴紫砂工艺厂工作，曾先后受业于朱可心、王寅春门下，学艺时即初露才华。1958年受聘紫砂中学担任工艺教员。1959年考入中央工艺美术学院修读于陶瓷系。1964年毕业后回厂从事新产品设计及技术管理工作，期间与夫人许成权合作多款新产品，如色泥梅桩小壶、新竹茶具等。1978年随梅健鹰教授研究中国传统陶瓷。1981年到南京艺术学院设立陶瓷设计专业课程，培养设计人才，时有专业论文及陶艺新作问世。曾任南京艺术学院陶瓷美术研究主任、教授。

四　海

四海，字紫云，号拾荒人、门外汉，1946年出生于江苏盐城，现居上海。自学紫砂工艺，曾随画家唐云学艺，自称江南一怪。他擅制各式紫砂器，由人物雕塑、工艺摆件以至壶类皆长，如段泥金蟾桩茶具、紫砂束竹三友壶等，构思纤巧，造型奇特。作品“夏意”获国家轻工业部奖，“螃蟹糖缸”获江苏省优奖。他又是紫砂壶收藏家，在上海家中创办“四海茶具馆”。

张守智

张守智，1932年出生于河北平泉。1951年进入中央美术学院工艺美术系修读陶瓷专业。1956年后至今，任教于中央工艺美术学院，从20世纪60年代开始研究宜兴紫砂造型，并与多位宜兴紫砂艺人合作创制多款紫砂壶。作品多次参加国内外展览，并入选为北京中南海紫光阁陈设，曾获全国陶瓷美术创作设计评比二等奖和萨格拉布国际小型陶瓷展览评比荣誉奖等多项国际奖项。中央工艺美术学院陶瓷美术系教授。

韩美林

韩美林，1936年出生于山东济南。著名美术家，紫砂陶设计专家。1955年进入北京中央工艺美术学院，1960年毕业于该学院染织系。其后从事装饰画创作，并多次参与电影美术及邮票设计工作。他的画作曾在日本、新加坡、美国展出。作品为中国美术馆及新加坡国家博物馆收藏。曾与多位宜兴紫砂艺人合作创制多款紫砂壶式样，造型流美典雅。1989年3月他创建韩美林紫砂工作室，所制紫砂作品风格独特，个性鲜明，可谓当代紫砂一杰。

附录二

历代紫砂专著简介

1 《明清各名家砂壶全角集拓》

《明清各名家砂壶全角集拓》编者为邓实（？—1948），字秋枚，号野残，广东顺德人。他是近代著名的书画收藏家，室名“风雨楼”，藏书画、竹刻、紫砂壶甚富，鉴别也精。清末至上海，主办《国粹学报》，反对君主。邓氏学邃识博，为提倡美术起见，他与近代著名国画大师黄宾虹合作，丛集古今美术家之著述凡281件、合编成《美术丛书》。此书初刊于1911年，线装本四集四十辑，共160册。所收各书以论述书画为主，此外凡关于艺术珍玩之类论着广为搜辑，有不少是当时已稀见的珍本和秘本，堪称集美术论著之大成。此外，邓实还创设神州国光社，刊印历代画集及《明清各名砂壶全角集拓》等图册，贡献美术界至大。邓实于解放前逝世，享年八十余。

《明清各名家砂壶全角集拓》于民国初年成书印行，封面题字为甓公。早期的紫砂茗壶著作《阳羡茗壶系》《阳羡名陶录》《阳羡茗壶赋》《阳羡名陶说》《陶说》《陶雅》等，都以文字记述成书。我国士人对事物的推崇，常处于言及制造时的法度，所谓形而上者，谓之道；形而下者，谓之器，因此历代文献对器物的记载，总是高唱入云，很少有对器物形状加以记录的。邓氏的《明清各名家砂壶全角集拓》为世人开创了先例，弥足珍贵。全书共选集明清六大名家25件紫砂名壶。其中有：明代时大彬作品4件，清初陈鸣远作品6件，清中期陈曼生、杨彭年作品9件，邓奎符生作品2件，瞿子冶作品4件。这是一批最早的紫砂壶全角拓片，是根据名家名壶实物墨拓而后印行问世的专册，目前在国内仅见到南京图书馆古籍部有此藏书。

全书所集的名家名壶，是从明代万历年间至清代嘉道年间（1573—1850）前后270多年，正是紫砂壶艺术化发展的三个不同阶段。首先，时大彬是明代壶艺淳朴古雅的代表人物，他在制壶风格上适应了明代士大夫所追求的淡雅超俗的审美情趣。使紫砂壶从日用品转变成可供欣赏的雅玩，这一质变的实践者是时大彬，集拓中有调砂高简壶、僧帽壶和菱花式壶。

第二阶段是清初的陈鸣远，他继承传统壶式，还突破了单纯的几何形体，开创自然形的“象生器”，壶上题刻铭文的风气也是他所开创。集拓中有梅桩壶、束腰方壶、紫砂圆壶等。刻铭有“器堕于地，不可掇也，言出于口，不可及也，慎之哉。”落款为“远”字，下钤“陈鸣远”阳文篆书方印。第三阶段是清中期嘉庆年间的陈曼生与杨彭年合作的“曼生壶”，这是陶工壶艺与文士翰墨结缘的艺术精品，他们把紫砂壶艺术化推向新阶段。集拓中刊有最早的曼生壶是积学斋藏品刻铭井栏提梁壶。编号最多的半瓜圆壶，壶身镌铭“曼公督造茗壶第四千六百十四为犀泉清玩”。还有笠荫壶、半月瓦当壶、合欢壶、饮虹壶、汲直壶等，大都造型简练，诗书画印新颖，铭刻具有哲理。之后，又有邓奎（符生）、瞿子冶等名家，延续曼生壶道路创文人壶的风貌，集拓中有符生邓奎监造的金涂塔壶、子冶刻绘的团泥汉方壶，图文并茂，把紫砂壶的艺术化不断推向前进。

2 《茗壶二十品》

朱石梅摹《茗壶二十品》为上海大石斋收藏家唐云先生藏本。书中二十件紫砂茗壶的图像则为承名世钧，每款图像均有陈曼生、郭频迦等人亲笔题句及作铭。从书后陈氏题记可知这二十件紫砂茗壶的工笔白描图，原为汪小迂所绘。汪小迂名鸿。安徽休宁人，花鸟画家，与陈曼生等有深交。

《茗壶二十品》成书于癸酉年即清嘉庆十八年（1813）四月二十日。这一年陈曼生四十五岁，是到溧阳任县宰的第二年。此后他在溧阳还生活了两年左右。这两年间，公余当然还会继续设计、制作、题镌紫砂茗壶，因此，可以说《茗壶二十品》仅是陈曼生参与紫砂茗壶事业以后第一年的作品目录。

《茗壶二十品》勾摹者朱石梅，名坚，号石眉，清嘉庆、道光年间人，原籍浙江山阴（今绍兴）。精于鉴赏，擅画山水花卉，又工篆刻，尤善铁笔，且多巧思，并首创紫砂胎包锡壶，将紫砂与锡玉工艺相结合，使紫砂茗壶别开生面。著作有《壶史》一书（现已失传）。承名世则是现代上海名士。

清嘉庆、道光年间，宜兴制壶名家杨彭年依据陈曼生设计的紫砂茗壶新颖式样，先后制作了许多种不同造型的紫砂茗壶，壶面宽广，宜书宜画。汪小迂为此二十件茗壶绘作工笔线描图，形神兼备，姿态各异。然后，由陈曼生、郭频迦等著写铭文如右，每壶都题取雅号称谓，且有简练而又优美的题句铭文。陈曼生对紫砂壶艺术化的发展、升华起到了重要作用，由他设计、制壶艺人杨彭年等人制作的紫砂茗壶，世称“曼生壶”，开创了紫砂壶艺与诗、书、画、印相结合的新路。

“曼生壶”造型的取材是多方面的，如取材自然现象的有“却月”“饮虹”“横云”等；取材植物形态的有“匏瓜”“葫芦”等；取材实用器物的有“钿盒”“覆斗”“牛铎”“井栏”“合斗”“笠荫”等；取材几何形体的有“汲直”“合欢”“春胜”“圆珠”“方壶”等；仿古器物的有“石铫”“百衲”“古春”“飞鸿”“天鸡”“镜瓦”“乳鼎”等。这些造型，经历了一百七十余年，一直影响到现在的紫砂壶产品的设计制作。

《茗壶二十品》原本封面上有“陶冶性灵”四字题签，为陈曼生幕友郭频迦所题写。题签边章“老药”篆书方印，乃收藏家唐云的别号。

3 《阳羡茗壶系》

明代周高起著。周高起，字伯高，江阴（今江苏省江阴县）人，生卒年不详，据宋伯胤先生考证，周高起生于明代万历二十八年（1600）之前，清顺治二年（1645）清兵攻陷江阴后，他逃至山中，不幸被清兵所捉，索以罚金，他不答应，并怒骂清军，被处死。周高起以博闻多识著称，崇祯十一年（1638）曾修纂《江阴县志》。

《阳羡茗壶系》是紫砂研究史上的第一本专著，在中国陶瓷史上也有重要的地位。

周高起对紫砂壶的喜爱远非一般文人雅士的赏玩可比，他既追溯其源流，也探究其工艺，还从理论上研究紫砂壶的使用保养。作为一介书生，他无力购买时大彬之真品壶，便搜求残破者作为研究之用。《阳羡茗壶系》全文虽仅三千五百余字，却充满真知灼见，是研究早期紫砂壶的必读之书。全书内容包括三部分：陶工、陶土、杂论。其陶工部分以年代先后为序，以师承为纲介绍了明代的紫砂艺人，其重点在于艺人的师承及其自身的特长。陶土部分记述了各种不同颜色紫砂原料的名称、出产地点、烧制前后的颜色变化。有些品种的原料早已绝迹，此文成为珍贵的资料。杂论部分主要记述紫砂壶的使用和保养。周高起客观地分析了紫砂壶作为茶器的优势在于发真茶之香，品饮中能尽享茶之色、声、香、味之韵。而不是如某些人所谓的紫砂壶之妙在于可以隔宿不馊，周氏认为这种人“俗不可医”，然而现代紫砂界仍然有人将这一点作为紫砂壶的优点而津津乐道，诚为可笑。关于“养壶”，周氏亦有精辟之论，他认为砂壶当保持清洁，用后即清洗擦拭，随其使用日久，光泽自发。而对渣滓斑驳、油光闪闪的紫砂壶，贬之曰“和尚光”，是最下等者。试看现在的紫砂爱好者，将隔宿茶渣留在壶内号称“养壶”，壶面任其污垢不加清洗，号称“旧色”，实际是以“和尚光”为尚，正是周氏所不屑者。400年之后，陋习如故，可不叹哉！

《阳羡茗壶系》有多种刊本，目前所见最早的是成书于清康熙三十六年（1697）的《檀几丛书》本，晚些的有清光绪十四年（1888）金祥武刻的《粟香室丛书》本等，再晚的刻本几乎都翻刻自金本。金本与《檀几》本相比在《别派》下增添了“沈子澈”条：“崇祯时人，所制壶古雅浑朴。尝为人制菱花壶，铭之曰：‘石根泉，蒙顶叶，漱齿鲜，涤尘热’。”此条并非周高起原文，所引壶铭亦不是明代风格，而是清代中期后才有的，不可作为明代壶铭的证据。

4 |《紫砂茗陶录》

清代吴骞著。吴骞（1733—1813），字槎客，号揆礼、葵里、愚谷、兔床山人。海宁（今浙江海宁县）人。吴骞擅绘画，工诗赋，亦能治印，喜金石文玩，犹以富藏古籍善本着称。他在周高起《阳羡茗壶系》的基础上，充实内容，撰成《紫砂茗陶录》。

《紫砂茗陶录》成书于乾隆五十一年（1786），分上、下两卷。上卷分为原始、选材、本艺、家溯四部分。下卷分为谈丛、文翰两部分。上卷内容多辑录自《阳羡茗壶系》，重新编排而已，仅在家溯部分略有增补。下卷是此书精华所在，谈丛部分收录散见于明清时人书中论及紫砂壶，及茶艺、茶具的片断文字，文翰部分收录明清文人赞咏紫砂器之诗。紫砂陶是当时新出现之物，尚缺系统的记录和研究，吴骞汇集的相关诗文为后人保留了珍贵的史料。不过，文人之记述并非全真，亦有道听途说者。如李斗《扬州画舫录》说金沙寺僧所制之紫砂壶具，“以指螺纹为标识”，供春之壶，“以无指螺纹为标识”，还说时大彬“枝指”（六指），“以柄上拇痕为标识”等，俱是坊间谬传。此外，文翰中还全文抄录了明末鄞州（今浙江宁波）人周容所著《宜兴瓷壶记》。《宜兴瓷壶记》全文虽仅六百余字，却记录了紫砂制作工艺在明代的发展变化，并详录当时紫砂工具的名称、形状和用法，以及紫砂制作的过程细节，是对明代紫砂工艺最直观的描绘，是研究紫砂工艺史的珍贵资料。

5 |《茗壶图录》

日本奥玄宝著。奥玄宝（1836—1897），原名奥三郎兵卫，名玄宝，字素养，号兰田、独飞，名其室为“注春居”，死后其藏品转移给了岩崎弥之助。他经营和转销大米、干鱼、油娄商品，东京商法会所创始人之一。书稿成于明治七年（1874）冬，其体例依《宣和博古图录》。该书分两部分，前部为总论，分14个章目，分别为原流、形状、流扳、泥色、品汇、大小、理趣、款识、真赝、无款、衔捍捏、别种、用意。从一个收藏爱好者的角度，记述紫砂的起源、造型、款识、真赝、理趣等各个方面；后部着录32把茶壶，其中除两把白釉瓷壶、一把锡壶外，其余均为紫砂壶。这些壶中，17把是作者的藏品，另外15把是其友人藏品。此书特色之一是作者对紫砂壶的命名，他仿效《茶具图赞》，结合每件茶壶的形状、姿态，以拟人化手法给每件壶一个极具感情色彩的名字，并说明命名的理由和出典，使茶壶具有了鲜活的个性和深远的文化内涵。这32把壶分别名为：梁园遗老、萧山市隐、鹤鼈神人、渔童、樵青、独乐园丁、卧龙先生、出离头陀、倾心佳侣、趺坐逃禅、藏六居士、凌波仙子、方山逸士、陶家佳友、俪兰女史、帝乡仙驭、儒雅宗伯、铁石丈夫、银台醉客、绣衣御史、一枝栖隐、老樗散人、浴后妃子、卧轮禅师、红颜少年、采薇山樵、连城封侯、寿阳公主、用拙迂生、风流宰相、逍遥公子、断肠少妇。

此书另一特色，是作者将这些茶壶以工笔白描的方式绘成图谱，连印章、款识也精心地描摹下来，除标明壶名、泥色和收藏者外，还精确地标注出每一把壶的通高、腹径、壶深、重量和容积，并描述壶之盖、钮、流、腹、底等细节处的形状。这种科学的记录方法是古代中国陶瓷研究者所不具备的，这些详细的资料为后人的研究工作提供了极大的便利。奥玄宝使用的日本度量衡，名称虽与中国相似，实际是不同的。其度量衡均为十进制，长度单位为寸、分、厘，每寸合3.3毫米；重量单位为两、钱、分，每量合50克；容积单位为升、合、勺、才，每升合1085毫升。

6 《阳羡砂壶图考》

民国时期李景康、张虹著。李景康，字凤坡，南海（今广东省广州市）人，喜藏紫砂壶，有“百壶山馆”。张虹（1891—1968），字谷雏，号申斋，广东顺德人，富收藏，精鉴赏，以所藏古玉、书画、紫砂名闻于香港，有“碧山壶馆”。民国二十六年（1937）两人在香港合作《阳羡砂壶图考》，分上、下两卷，上卷为文字考证，下卷为图版。当此之际，抗战突然爆发，只有上卷印出，下卷未及出版。

此书由叶恭绰作序。上卷分年代统系、壶艺列传、土质出产、制工窑火、赏鉴丛话、前贤文翰、时人题咏、名家传器、雅流传器、待考传器、别乘传器、附记传器共12类。壶艺列传包括创始1人、正传13人、别传35人、雅流55人世间、待考35人，共计145人。该书下卷收壶图113幅，附以铭款、印章，所录砂壶都是“百壶山馆”和“碧山壶馆”藏品和当时藏界之珍品，还有前代著录中之可考者。这本图文并茂，有收藏者姓名和砂壶详细资料的紫砂专着，具有极重要的史料价值。可惜自此书出版以来，读者只能看到上卷的文字部分，无缘得见下卷壶图。好在下卷遗著经台湾詹勋华先生的努力，已重见天日，并收入其《宜兴陶器图谱》中。

值得注意的是，民国时期是仿造古壶的鼎盛期，有实力的古董商不惜代价仿制或臆造古壶，所聘之工匠亦是当时紫砂界之翘楚，制作了一批足以乱真的明清紫砂壶赝品。对这些壶，《阳羡砂壶图考》或失于考证，或出于个人利益知而不言，这是读此书时应当了解的。

7 《紫砂名陶典籍》

高英姿著。此书注释了《阳羡茗壶系》《紫砂茗陶录》《茗壶图录》《阳羡砂壶图考》四册书。作者高英姿是当代中国紫砂工艺大师高海庚的女儿，现任南京师范大学艺术学院教授。她既熟悉宜兴紫砂传统工艺，又受过现代高等教育，这样就避免了一般陶瓷研究者只重文字理论，不重实际工艺的纸上谈兵，也避免了紫砂从业者固步自封、故弄玄虚式的高谈阔论。在注释时，她以专业的知识指出了许多前代作者的谬误，对书中论述不清楚的地方，做了一些必要的补充说明。

此书将古代最重要的四部紫砂著作集中注释，版本选择精严，校订也比较仔细，其注解繁简得当，对于想深入研究紫砂壶的读者，是极有参考价值的一本书。

8 《紫砂春秋》

史俊棠、盛畔松主编。1990年，上海《文汇报》和宜兴紫砂工艺二厂联合举办旨在弘扬紫砂文化、推动紫砂研究的“紫砂文化征文奖”活动，这次活动共征集一百五十余篇稿件，一部分是以前公开发表过的，一部分是专门为此次活动撰写的论文。活动组织者从中选出60篇优秀文稿，集为此书。全书分为“溯源话艺”“紫艺论丛”“艺苑掇英”“文人题咏”及“附录”五个板块，比较全面地介绍和研究了紫砂陶的发展历史、工艺特点和一些优秀紫砂艺人独到的技术特色。论文作者既有著名的紫砂工艺大师，如顾景舟、徐汉棠、徐秀棠、汪寅仙等，也有海内外知名的紫砂收藏家和研究者，如罗桂祥、谢瑞华，还有紫砂名师的后辈如王寅春之子王石耕等。其内容既有对紫砂艺术作总体阐释的文章，如顾景舟所写《简谈紫砂陶艺鉴赏》，将紫砂之美归纳为形、神、气、态四个要素，概括精辟；也有紫砂壶创作的经验总结，如张守智、汪寅仙所写《“曲”壶的设计》，记述了作者创作“曲”壶的过程，具体到设计、制作、技术要求等步骤，使我们了解一种新壶式诞生的全过程，对紫砂之美的鉴赏能力得到进一步提高还有对紫砂原料及成品的科学分析，如韩人杰等所写《宜兴紫砂陶的生产工艺特点和显微结构》，用科学的检测方法、精确的数据分析为紫砂研究打下坚实的理论基础。书后还附有明代周高起《阳羡茗壶系》和清代吴骞《紫砂茗陶录》，并对原著增加了标点，以方便读者阅读。

此书是紫砂研究成果的第一次系统汇集，内容翔实，资料丰富，是了解紫砂艺术的一本入门书，也是紫砂研究的必读书。

9 |《宜兴紫砂珍赏》

顾景舟主编。这是第一部由宜兴紫砂大师亲自编着的大型彩色画册，分历史和现代两部分，收录最精美的宜兴紫砂制品511件（套），其中历史部分（1949年前）167件，包括58位从明、清到民国的艺人，现代部分344件（套），囊括了当代最优秀的91位工艺师。图版之前，有主编顾景舟、李昌鸿和徐秀棠撰写的三篇精论文，涉及紫砂陶史、生产工艺和宜兴悠久的茶陶历史。

紫砂陶的仿制历代不绝，民国时尤甚，而仿制技艺也愈来愈精，给后代的鉴别带来很大困难。顾景舟先生以其精湛的技术为依托，辅以渊博的见闻学识，对古代遗存的紫砂做了细心的甄别，凡断定为真品者，均标明工匠姓名，对有疑问的作品，则只实录铭款。作为民国时期的仿制参与者，顾景舟这种谨慎的态度，给后人鉴别真伪提供了依据。此外，编者还为此书中重要的作品撰写了精当的品评文字，便于读者赏析。

10 |《中国紫砂》

徐秀棠著。徐秀棠，1937年出生于宜兴紫砂陶艺世家，师从著名陶刻艺人任淦庭，后至中央工艺美院学习雕塑，其紫砂雕塑作品多次获奖。1995被授予“中国工艺大师”称号。

《中国紫砂》是中国第一本全面系统地介绍紫砂陶发展历史及艺术成就的专书，作者既有丰富的实践经验，又有良好的文化素养，此书既是紫砂实践经验的总结，也是紫砂历史和理论的概括。然而，此书并不是所谓紫砂简史似的平淡记述，而是有所侧重，在具体的问题上做深入的研究，并提出自己独到的见解，这使此书既有系统完整的脉络，在局部又有相对独立的专题研究。比如“紫砂壶的装饰艺术”和“紫砂雕塑及其他品种”等章节，都是如此。

此书图文并茂，图片精美，语言通俗流畅，对紫砂陶艺的普及和推广，起到巨大的作用。但遗憾的是此书收录的紫砂壶较少。

11 |《宜兴紫砂鉴定与鉴赏》

张浦生、王健华著。张浦生，1934年3月生，南京博物院研究员，著名青花瓷和紫砂壶专家。王健华，1955年生，故宫博物院古器物部陶瓷组研究馆员。

此书作者长期从事文博工作，在紫砂的研究中，更重视考古证据和文献资料，重视对标准器的分析和研究。以考古学的理论和方法来研究紫砂陶，这是此书与一般紫砂从业者和民间收藏者著书的最大区别。此书“故宫博物院收藏宜兴紫砂概况”一章详细介绍了北京故宫所藏的一批紫砂珍品，其中有一些是康熙、雍正和乾隆皇帝的御用品，代表了当时紫砂制作的最高水平，是极难得的实物资料。“紫砂器鉴定与鉴赏的相关资料”一章介绍了一批明清墓葬出土的紫砂壶，有些墓葬有准确的纪年，这些紫砂壶作为标准器，成为紫砂真伪鉴定中的标尺。

此书论述周详，剖析精微，其内容可贵，思路可学。

12 |《中国紫砂茗壶珍赏》

韩其楼、夏俊伟著。韩其楼，1930年生于江苏宜兴，长期在家乡从事新闻工作，研究紫砂陶近40年，成绩显着。夏俊伟，1946年生于宜兴，1968年毕业于南京艺术学院，一直在宜兴从事紫砂教学研究和设计工作。

此书分“欣赏篇”和“知识篇”两部分。“欣赏篇”按年代顺序，收录明代至近代名家紫砂壶三百余把，现代艺人作品三百余把，用清晰的图片和详细的文字介绍作者及作品，包括其造型、泥色、款识、尺寸、藏地等信息，既可欣赏精美的紫砂壶，也具有学术参考价值。“知识篇”包括“紫砂矿土材质与练制”“紫砂壶成型技法”“紫砂壶鉴赏常用术语”“印章与款识”四部分，是紫砂知识的汇集，给爱好者提供了很大的方便。但此书因内容庞杂，有考订不精严之处，是白玉之瑕。

13 |《砂壶汇赏》

徐湖平主编。2004年9月，南京博物院和中国台湾财团法人成阳艺术文化基金会在南京博物院联合举办《砂壶汇赏》展，参展作品由三部分组成：截止到2004年国内出土的最重要的29把紫砂壶，南京博物院精选藏品31把，以及成阳艺术文化基金会选送的30把精美紫砂壶，此书便是这次展品的汇集。能在一本书里集中看到这么多精美的明清紫砂壶，尤其是有准确年代的出土紫砂壶，并附有详尽的资料，是此书最吸引人的地方。

附录三

明代至民国初年常见紫砂款识一览表

朝代	工匠	款识	主要活动年代
明代	龚春	供春	正德
	时鹏	时鹏	万历
	时大彬	大彬、时大彬制	万历
	李茂林	李茂林造	万历
	陈用卿	陈用卿制	万历
	徐友泉	友泉	万历
	陈信卿	信卿	万历
	陈仲美	陈仲美	万历
	陈子畦	陈子畦	崇祯
明末清初	惠孟臣	孟臣制、荆溪惠孟臣制	明末清初
	项圣思	圣思	明末清初
清代	陈鸣远	鸣远、陈鸣远制	顺治至康熙
	华凤翔	荆溪华凤翔制	康熙
	陈荫千	陈荫千制	清中期
	邵旭茂	荆溪邵旭茂制	乾隆至嘉庆
	史维高	荆溪史维高制	乾隆至嘉庆
	杨季初	杨季初	乾隆至嘉庆
	潘虔荣	虔荣制	乾隆至嘉庆
	邵梭根	邵梭根制	嘉庆至道光
	邵大亨	大亨	嘉庆至道光
	邵友兰	友兰秘制	嘉庆至道光
	邵二泉	二泉	嘉庆至道光
	杨彭年	彭年、阿曼陀室、杨彭年造	嘉庆
	陈曼生	陈曼生制、阿曼陀室	乾隆至道光
	杨凤年	杨氏	嘉庆
	宋坚	石某仿制、石某摹古	嘉庆至道光
	申锡	申锡	道光
	蒋德林	万泉	道光至同治
	瞿应绍	子冶	道光至同治
	邓奎	符生邓奎监造	道光前后
	邵友廷	友廷	道光至同治
	邵维新	邵维新制	道光至同治
	黄玉麟	玉麟	清末
	梅调鼎	赧翁	道光至咸丰
	王东石	东石	清末
清末民初	赵松亭	宜兴松亭自造	清末民初
	程寿珍	寿珍	清末民初
	陈光明	光明、陈光明制	清末民初
	俞国良	国良、锡山俞氏	清末民初
	范大生	大生	清末民初
	范锦甫	锦甫	清末民初